Dieter Hermann Schmitz

Oma senge kleene Jong

Dieter Hermann Schmitz

Oma senge kleene Jong

Rheinische Geschichten, unglaublich,
aber ungelogen, aus Zeiten, als die Welt noch analog war

Heiner Labonde Verlag

Meinem Vetter

ISBN 978-3-937507-86-6
Erweiterte und bearbeitete Neuausgabe des Buches
»Kleene Jong«, Grenz-Echo Verlag, Eupen

Illustrationen: Jessika Kuehn-Velten
Gestaltung: Antje Zerressen

Printed in Germany

Inhaltsverzeichnis

Vorwort

Ich bin heute ein ordentlicher Bürger, der einer geregelten Arbeit nachgeht und brav seine Steuern zahlt. Ich rauche nicht, trinke nur in Maßen und habe auch sonst keine Laster. Ich bin sittsam verheiratet und erfülle mit zwei Nachkommen mein statistisches Reproduktions-Soll zur Sicherung der Renten. Ich geh öfter zur Kirche als nur zu Weihnachten und Ostern, ich spende Geld für einen Umweltschutzverein und mache allzeit von meinem Wahlrecht Gebrauch. Mit meinen Nachbarn und meiner Schwiegermutter lebe ich in Frieden. Meine Arbeitskollegen sind nett zu mir und vorbestraft bin ich auch nicht.

... und ich kann von Glück sagen, dass es so ist. Denn es hätte alles anders kommen können!

Als kleiner Junge habe ich allerhand verbrochen: Mein Sündenregister reicht von Nötigung und Sachbeschädigung über Veruntreuung fremder Mittel bis hin zu Rufmord und Diebstahl. Dass ich immer wieder auf den rechten Pfad zurückgefunden habe, verdanke ich nicht zuletzt meiner Oma und meinem Opa, denen ich hiermit postum meinen Dank ausspreche.

In diesem Buch bekenne ich alle meine Übeltaten

und Verfehlungen, ... jedenfalls fast alle bis zu meinem neunten Lebensjahr.

Ich hoffe, dass mir alle verzeihen, die unter mir gelitten haben, und ich setze auf das Verständnis aller, die über meine Übeltaten ungläubig den Kopf schütteln werden. Ja, und ich hege die Hoffnung, dass meine eigenen Kinder dieses Buch nie lesen werden. Meine Glaubwürdigkeit als Erziehungsberechtigter wäre sonst ruiniert!

Ziviler Ungehorsam oder: Die Vertreibung aus dem Paradies

Als ich ein kleiner Junge war, sah ich ungefähr folgendermaßen aus: Ich hatte einen viel zu großen Kopf (weshalb ich dauernd hinfiel) und an diesem Kopf waren links und rechts zwei abstehende Segelohren angebracht (mit deren Hilfe ich das Gewicht meines Schädels ein wenig ausbalancieren konnte). Ich hatte schreckliche O-Beine, fast so, als hätten meine Vorfahren Jahrhunderte lang in der Kavallerie gedient, und ich setzte obendrein meine Füße nach innen, so dass sie sich ständig selbst im Wege standen und ich häufig stolpern musste – meist wiederum mit der Folge, auf meinem schweren Kopf zu landen. Ich war ziemlich klein und ein bisschen dicklich, dabei blass und blauäugig. Mit einem Satz gesagt: Meine Tarnung war perfekt! Denn niemand vermutete hinter meiner harmlosen, drollig-dropsigen Gestalt jenes kriminelle Potenzial, das in mir gärte. Niemand ahnte, zu welchen Untaten ich fähig war.

Als ich noch ein kleiner Junge war, hießen die Kickboards noch Roller und die Sticker noch Abziehbildchen. Im Fernsehen dauerte die Kinderstunde noch 60 Minuten, während sie heute auf mindestens drei

Kanälen fast rund um die Uhr geht. Ja, selbst die Adventskalender waren noch nicht mit Schokolade gefüllt.
Überhaupt sah die Welt damals anders aus, besonders für die Erwachsenen: Die Linken hatten noch ihr großes Vorbild (die kommunistische Sowjetunion) und die Rechten noch ihr großes Feindbild (die böse Sowjetunion). Deutschländer gab es gleich zwei und in Berlin stand noch die Mauer. Das berührte mich seinerzeit aber wenig, denn die Mauer war weit weg und als kleiner Junge war ich wohl nicht sonderlich patriotisch; mich wurmte mehr, dass es noch keine Adventskalender mit Schokolade gab.

Ich wurde groß in einem kleinen Dorf im Rheinland, das zum »gefühlten Köln« gezählt werden darf und wo die Leute noch nach allen Regeln der Kunst op Platt vom Leder ziehen konnten. Der Rosenmontag galt hier noch als der höchste Feiertag im Jahr. Was den Schwaben der Schwarzwald, das war hier die Eifel, und was den Bayern ihr Ludwig, das war im Rheinland der Prinz im Karneval. Dem baute man zwar keine Märchenschlösser, aber die Karnevalsprinzen waren künstlerisch weniger anspruchsvoll, so dass keine tragisch-traurige Stimmung aufkommen konnte.

Zu den Kindergärtnerinnen durfte man damals noch Fräulein sagen. Das dass schrieb sich noch mit ß, und niemand hätte je daran geglaubt, dass die Deutschen einmal ihre geliebte D-Mark auf dem Altar der europäischen Einigung für den Euro opfern würden. Im Großen und Ganzen aber war die Welt wie heute: voller Gefahren und Überraschungen. Das bekam ich bereits während meiner Kindergartenzeit zu spüren.

Ich erinnere mich daran, als wäre es Donnerstag vorletzter Woche um Viertel vor drei gewesen. Es war an einem warmen Sommertag und wir Kinder durften draußen im Sandkasten spielen. Schäufelchen und Eimer wurden ausgegeben und die Kindergärtnerinnen postierten sich strategisch über das gesamte Gelände. Wir durften Sandburgen bauen und Hügel aufschütten, Löcher graben und Sandkuchen bakken. Es war die reine Pracht! Nur eines hatten uns die Fräuleins strengstens untersagt: Wir durften uns keine Eimer mit Sand über den Kopf schütten. Ich spielte in der besten Absicht, diese Mahnung zu beherzigen, und vergrub Tannenzapfen. (In meiner Phantasie stießen dabei die Tannenzapfen gellende Todesschreie aus.) Leider spielte neben mir ein Mädchen, das so hieß, wie insgeheim alle Frauen heißen: Sie hörte auf den wunderschönen Namen Eva. Sie planierte mit einer Schaufel eine Tanzfläche für eine Handvoll gelbweißer Kieselsteine, die sie in ihrer weiblichen Einfalt zu Prinzessinnen erklärt hatte. Ein dümmeres Spiel konnte man sich kaum vorstellen. Und während ich nichts ahnend meinen harmlosen Spielchen nachging, lehnte sie sich zu mir hinüber und flüsterte:

»Wenn de wills, kannste mir ene Eimer Sand über de Kopf kippen ...« (Wir Kinder sprachen übrigens meist einen abgestumpften Dialekt, sozusagen ein Platt light, weil sich Froileins, Eltern & Co. bemühten, uns ein langweilig-lupenreines Standarddeutsch beizubringen und dabei irgendwelche Mischformen entstanden. Das ist im Nachhinein natürlich sehr bedauerlich, immerhin hätte aus uns allen etwas werden können. Fachleute mit exzellenten Rheinisch-Kenntnissen werden ja heute händeringend gesucht, sowohl für WDR-Talkshows als auch für kundenfreundlichen Internet-Service.)

Eva lächelte, gönnerhaft und geheimnistuerisch zugleich, während sie mir zuflüsterte.

»Nee, dat darf me net!«, entgegnete ich ernst und wollte mich wieder meinen Tannenzapfen widmen.

»Dat kannste aber ruhisch. Isch krisch heut Abend sowieso de Kopf jewaschen ...«

Das war ein Argument. Ich zögerte aber noch einen Augenblick und durchdachte mögliche Folgen.

»Komm, tu et doch!«, meinte Eva aufmunternd und hielt mir einen Eimer hin, der randvoll mit Sand gefüllt war.

Na, wenn sie's unbedingt wollte, konnte ich ihr den Gefallen tun. Und ohne weiter zu überlegen, kippte ich ihr den gesamten Eimer Sand über die Birne.

Kaum war der Sand verrieselt, stürmte eines der Fräuleins auf mich los, riss mich am Arm aus dem Sandkasten und hielt mir eine Standpauke. Ob ich denn nicht verstanden habe, was eben noch strengstens verboten worden war?! Ob ich ein bisschen dumm im Kopf sei? Was ich mir denn eigentlich denke? Warum ich denn nicht hören könne?

Mir fiel nur diese dämliche Entschuldigung ein, die in der deutschen Geschichte eine lange Tradition hat, und zwar darauf zu beharren, nur Befehle ausgeführt zu haben. Ich wurde noch eine Weile angeschrien und an den Ohren hin- und hergezogen und dann hinein ins Kindergartengebäude geschickt. Dort sollte ich mich zur Strafe eine Viertelstunde auf eine Bank im Flur setzen.

Kleinlaut schlich ich nach drinnen, während ich aus den Augenwinkeln das boshafte Grinsen von Eva beobachten konnte. Damals verstand ich: Die Welt ist hart, aber ungerecht!

So ging ich also nach drinnen und platzierte mich auf einer der Bänke im Flur. Ich hockte so eine Weile herum und blies Trübsal.

Schließlich kam irgendeine andere Kindergärtnerin vorbei, die mich mitleidsvoll anblickte. Das gab mir neuen Mut und ich fragte sie hoffnungsvoll, ob jetzt eine Viertelstunde vorbei sei. Ihre merkwürdige Antwort: »Tja, seit wann denn?«

Da sollte einer die Welt verstehen. Auf diese gemeine Gegenfrage zu antworten, war mir jedenfalls nicht möglich. Ich war einfach nur baff! Entweder war eine Viertelstunde vorbei oder nicht! Was sollte dann die Fragerei mit dem Seit-wann? Viertelstunde war Viertelstunde. Oder etwa nicht? Warum also ließ man mich zappeln? Ich vermutete dahinter einen bösen Kompott. (Gemeint ist natürlich ein Komplott, aber das konnte ich damals noch nicht auseinanderhalten.) Es gab nur eine Erklärung: Man wollte mich schmoren lassen! Eva musste alle Kindergärtnerinnen gegen mich aufgehetzt haben.

Ich lehnte mich zurück und schmollte. Allerdings wollte ich mein Schicksal mit Haltung tragen und nicht um mildernde Umstände winseln. Dabei dachte ich: Wenn man mir schon so blöde antwortet, frage ich überhaupt niemanden mehr! So saß ich Ewigkeiten auf meiner Bank herum, fluchte im Stillen über Eva, ärgerte mich über alle Kindergärtnerinnen, bedauerte mein Schicksal und sann darüber nach, was eine Viertelstunde war und wie es so schwer sein konnte, ihr Ende zu bestimmen.

Allmählich wurde es spät und der Kindergartentag neigte sich seinem Ende zu. Es herrschte allgemeine Aufbruchstimmung, als auch jene gnadenlose Kindergärtnerin, die mich zur Rumsitzerei verdon-

nert hatte, wie zufällig an mir vorbeikam. Sie machte ein erstauntes Gesicht und fragte:
»Wie? Sitz' du ärme Kearl hee nauch immer heröm?!«
Sie hatte allen Ernstes die Frechheit so zu tun, als sei sie vollkommen unschuldig daran, dass ich in einem muffigen Flur vor mich hinvegetierte, während draußen die Sonne schien. Heuchlerisch strich sie mir über den Kopf, als wolle sie mich trösten, und entließ mich nach Hause. Ich setzte dazu mein Unschuldsgesicht auf, das seine Wirkung nicht verfehlte: Die Kindergärtnerin sah nun wirklich so aus, als bedauere sie, mir Unrecht angetan zu haben. Sollte sie für alle Zeiten unter ihrem schlechten Gewissen leiden!

Nachspiel mit Oma und Opa:

Während meiner Kindheit hatte ich das große Glück, dass mein Opa und meine Oma bei uns im selben Hause wohnten. Für jedes Enkelkind ist das wie sechs Richtige im Lotto. Denn der Unterschied zwischen Eltern und Großeltern lässt sich etwa wie folgt definieren: Eltern wollen, dass man groß und stark wird, saubere Fingernägel hat, ein artiges Kind ist und gesund bleibt. Sie setzen einem deshalb dicke Bohnen vor und erwarten, dass man mit Messer und Gabel isst und seinen Teller leermacht. Großeltern haben da vergleichsweise tief gesteckte Ziele: Sie

geben sich damit zufrieden, wenn die Enkelkinder oft vorbeikommen, und sie locken daher mit Gummibärchen.
Außerdem haben alte Leute zuweilen mit Kindern viele Gemeinsamkeiten. So war's jedenfalls bei meinen Großeltern. Ihnen erzählte ich oft von meinen üblen Taten. An dem Tag mit dem Sandeimer und der bösen Eva fragte ich die beiden danach, was denn eigentlich eine Viertelstunde sei.
Mein Opa antwortete, wie man es von einem gebildeten Mann erwarten durfte, der seine wohlverdiente Pension verlebte:
»E Vierdelstündsche sin' fuffzehn Minutte!«
Das half mir leider auch nicht weiter.
Daher sprang meine Oma in die Bresche:
»Wenn me Peng hätt, do kann e Vierdelstöndsche ärsch lang senn. Äver wenn me Spass hätt, is e Vierdelstöndsche flögg vorbej.«
Das klang einleuchtend. Ich verzieh daher in Gedanken den Kindergärtnerinnen; es hatte wohl kein Komp(l)ott dahintergesteckt, mich so lange auf einer Bank vergammeln zu lassen, sondern wir waren hier auf das Problem der Relativität von Zeit gestoßen. –

Schade nur, dass Einstein meiner Oma zuvorgekommen war. Meine Oma hätte als die Erfinderin der Relativitätstheorie in die Geschichte eingehen können.

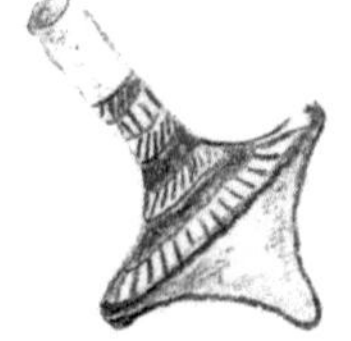

Nötigung oder:
Einer für alle, alle für einen

In unserem Dorf gab es einen Schreibwarenladen, der etwas ganz Besonderes war. Denn er war mehr als nur ein Ort, wo man Zeitschriften und Schulhefte, Tabakwaren und Postkarten erwerben konnte. Er war nicht nur Einkaufsgelegenheit für all das, was man nicht beim Metzger, Bäcker oder auf der Post bekommen konnte, sondern er war zugleich eine Mischung aus Kulturzentrum, Begegnungsstätte, Seelsorge und Informationszentrale. Es gab tatsächlich Leute, die dann, wenn vom Kirchturm die Totenglocken läuteten, im Laden fragen kamen, wer gestorben sei. Kurz gesagt, der Schreibwarenladen war eine Institution und er war für unser Dorf ungefähr das, was das KaDeWe in Berlin ist.

Für kleine Kinder war er obendrein ein Traumland, denn es gab dort Bilderbücher, Bälle, Bauklötze, Wundertüten, Fingerfarben, Knete, Märchen-Schallplatten, Jojos, Kracher, Kreisel, Matchbox-Autos, Stofftiere, Murmeln, Comic-Hefte, Bastelsachen, Kasperle-Puppen, Puzzel-Spiele, Cowboy-Figürchen und tausend andere Dinge zu bestaunen. Für alle Knirpse, die noch nicht lesen konnten, fungierte das Schaufenster des Ladens außerdem als Kalender. Denn es markierte durch seine wechselnde

Dekoration, wann Karneval, Ostern, Kinderkommunion, Maifest oder St. Martin anstanden.

So bemerkenswert wie der Laden war sein Besitzer. Selbiger hieß Fritz Quist und war allerorts ebenso bekannt wie beliebt. Vor allem Kinder mochten ihn, für die er nur der Onkel Fritz war. Er war wirklich ein Phänomen, große und kleine Kinder mochten ihn. Selbst schreiende Säuglinge beruhigten sich auf seinem Arm binnen Sekunden, und Hunde begannen in seiner Gegenwart unweigerlich mit dem Schwanz zu wedeln. Bei den Kindern war er wohl deshalb so beliebt, weil man sich von ihm ernst genommen fühlte. Wenn man ihm zum Beispiel als Drei-Käse-Hoch erklärte, welcher Mainzelmännchen-Aufkleber einem noch im Sammelalbum fehlte oder welches Rennauto-Quartett man benötigte, dann legte er den Kopf schräg und zog die Stirn in Falten, so als würde er konzentriert zuhören und angestrengt nachdenken. Böse Zungen haben später behauptet, er sei schwerhörig gewesen, aber das kann nicht stimmen, auf Onkel Fritz lass ich nichts kommen! Gelegentlich lachte Onkel Fritz ohne erkennbaren Grund, wenn er solchen und ähnlichen Ausführungen aus Kindermund lauschen musste, was den Verfechtern der Schwerhörigkeitstheorie Vorschub leistete; sie verkannten allerdings, dass Onkel Fritz eine rheinische Frohnatur war, die eben manchmal auch ohne Grund lachen konnte. Außerdem hatte Onkel Fritz ein gewinnendes Lachen, dass sich auch für Kinder nie nach Auslachen, sondern immer nur nach Anlachen anhörte – und das ist für kleine Leute ein großer Unterschied.

In seinem Laden war immer etwas los und es passierten dort auch die tollsten Sachen. Irgendwann kam einmal ein Greis in den Laden, postierte sich zwischen Tintenpatronen, Skat-Spielen, Beileidskarten und Schlüsselanhängern und meinte in knochentrockenem Ton: »Isch hött jern e' Vierdel Ponk Jehacktes!«
Onkel Fritz brach bei dieser Bestellung in schallendes Gelächter aus – was wohl beweist, dass er nicht schwerhörig war – bevor er dem Alten den Weg zum Metzger zeigte.
Ein anderes Mal, als Onkel Fritz vor Lachen kaum noch an sich halten konnte, war das Schaufenster mit Zuckertüten, Ranzen und einem Globus zum Beginn des neuen Schuljahres geschmückt. Eine mürrische Frau, die auf der Suche nach einem Einschulungsgeschenk war, erkundigte sich mit Blick auf die Weltkugel: »Wat kos' der Kolumbus do im Fenste'?«
Jedenfalls hatte Onkel Fritz, wenn er sich einmal die Woche mit Freunden zum Bier traf, immer etwas zu erzählen.

Mit schwierigen Kunden wie mir hatte er seine liebe Not. Irgendwann einmal vor vielen Jahren, während der fünften Jahreszeit, hatte ich mir vorgenommen, zu Karneval als Musketier zu gehen. Einen Hut mit Feder und einen Schnurrbart zum Ankleben hatte ich bereits. Was mir noch fehlte zu meinem Glück war ein Degen, so wie ihn waschechte Musketiere benutzen, um ihre Gegner abzustechen, um Äpfel vom Baum zu holen und sie im freien Fall zu halbieren, um Kerzen auszulöschen oder schönen Frauen die Spaghetti-Träger durchzuhieben. Mit Frauen hatte ich zwar seit Eva nichts im Sinn, aber alles andere erschien mir nützlich.

Weil Onkel Fritz nur Tomahawks und quietschende Gummiknüppel in seiner Auslage hatte, erklärte ich ihm genau, was ich benötigte:

»Su 'ne Dejen, wie die Musketiere ...«

»Wat vür e Dier?«, fragte Onkel Fritz.

»Na, Musketier!«

»Ah su, Jong. Waat e Minüttsche«, meinte Onkel Fritz und verschwand fröhlich in seinen Lagerraum. Als er wiederkam, war ich bitter enttäuscht. Er brachte mir ein paar Micky-Maus-Ohren mit, wahrscheinlich weil er Mausgetier verstanden hatte.

Ich erklärte daher noch einmal mit Bestimmtheit, was ich brauchte. Und um Onkel Fritz zu illustrieren, worum es ging, nahm ich mir einen Gummiknüppel aus dem Regal und begann in graziöser

Haltung und mit tänzelnden Schritten durch den Laden zu fechten.
»Is joot, Jong. Waat nauch ens!«, bat Onkel Fritz und verschwand zum zweiten Mal in sein Lager.
Als er zurückkam, hatte er ein Plastikschwert mit Schild dabei. Spaßvogel wie er war, zog Onkel Fritz das Schwert aus seiner Scheide und wollte einen Fechtkampf mit mir beginnen. Er ging dabei ziemlich unprofessionell vor, denn statt wie ein Musketier »En garde!« zu sagen, rief er nur: »Opjepass'!«
Zu einem Fechtkampf kam es aber erst gar nicht. Mutlos ließ ich beim Anblick des Schwerts den Gummiknüppel sinken, den ich noch immer in Händen hielt. Und Onkel Fritz bemerkte die neuerliche Enttäuschung in meinem Gesicht.
»Wie? Is dat och net et Rischtije?«, fragte er und betrachtete kritisch das Schwert in seiner Hand.
Mit jämmerlicher Stimme erklärte ich ihm noch einmal, dass ich doch Musketier werden wolle – und nicht Ritter! Das wäre doch ein Schwert in seiner Hand und kein Degen.
»Ja, Jong, da moss isch nauch ens luhre jonn!«, erklärte Onkel Fritz und trat zum dritten Mal den Gang in sein Lager an.
Es dauerte nicht lange, da hörte ich ihn triumphierend auflachen:
»Har, har!« machte er, und in theatralischer Pose kam er in den Laden zurückgesprungen. Er hatte sich

einen schwarzen Hut mit Totenkopf-Bildchen aufgesetzt und eine Augenklappe übers linke Auge gezogen. Dazu fuchtelte er mir mit einem Krummsäbel vorm Gesicht.

»Wat sääs' de jetz', Jong?«, fragte er erwartungsvoll. Ich war niedergeschmettert. Was er da halte, sei doch ein Säbel, machte ich ihm klar; ich wolle doch Musketier werden und nicht Seeräuber!

»Ja, Jong, da' weeß isch et och net, wat de hann wills'...«, sagte Onkel Fritz und zuckte mit den Schultern. Jeder andere Verkäufer hätte längst gesagt »Da musst du morgen noch mal wiederkommen!«, aber Onkel Fritz konnte nicht ertragen, wenn Kinder traurig waren. Er überlegte eine Weile. Dann ging er entschlossen ein letztes Mal in sein Lager und brachte alles mit, was er an Hieb- und Stichwaffen vorrätig hatte: Streitäxte für Wikinger, Dolche für Römer, Keulen für Kannibalen. Zur Sicherheit hatte er auch Flitzebogen, Erbsenpistolen, Korken-Gewehre und eine knallende Peitsche für Steckenpferd-Reiter mitgebracht. Sein karnevalistisches Waffenarsenal war wirklich bestens sortiert. Aber ein Degen war nicht dabei! Begeistert breitete Onkel Fritz seine Waren vor mir aus, aber mein Gesicht wurde dabei immer länger, die Augen wurden feucht und unmerklich begann meine Nase zu tropfen. Aus der Traum vom stolzen Musketier! Leise wimmerte ich vor mich hin.

»Ja Jong, kann isch da' nühß vür disch dohn?!«, fragte Onkel Fritz, und in seiner Stimme klang Mitleid. Ich schüttelte resigniert den Kopf. Aufmunternd machte Onkel Fritz den Vorschlag, einen Degen zu bestellen. In spätestens drei Tagen würde er welche vorrätig haben. Aber das half auch nicht weiter. Denn drei Tage waren eine Ewigkeit und außerdem bestand zu befürchten, dass Indianer-Speere geliefert wurden. Nein, das Leben hatte keinen Sinn mehr. Mir war nicht mehr zu helfen. Zu Tode betrübt wollte ich schon den Laden verlassen, um mein restliches Leben als Einsiedler zu verbringen. In seiner Gutmütigkeit kam Onkel Fritz jedoch auf den Einfall, mir einen Tomahawk zu schenken. So einen mit Klinge aus Weichgummi und Stiel aus Bambushölzchen, an dem ein paar bunte Federn baumelten. Tonlos »Danke!« murmelnd, nahm ich seine Gabe entgegen und verließ mit schlurfendem Schritt seinen Laden.

Auf dem Nachhauseweg schaute ich mir mein Geschenk ein wenig genauer an. Nach einer Weile vollführte ich mit dem Tomahawk ein paar Probeschläge gegen elende Bleichgesichter, die in meiner Phantasie in die Jagdgründe meines Stammes eindringen wollten. Das Beil lag nicht schlecht in der Hand – und eigentlich war Indianer-Sein gar nicht so übel. Und nachdem ich in Gedanken ein paar Trapper skalpiert hatte, war ich begeistert. Die letzten Meter bis nach Hause rannte ich in wildem Indianer-Geheul.

Onkel Fritz hatte mein Leben gerettet!

Nachspiel mit Oma:

Noch am selben Tag erzählte ich meiner Oma vom Besuch bei Onkel Fritz und dass er mir einen Tomahawk geschenkt hatte. Als Oma erfuhr, wie ich zu dem Hackebeil gekommen war, kommentierte sie vorwurfsvoll: »Nee, nee, du bis' en Kopppeng!«

Unbeeindruckt eröffnete ich ihr, dass ich Karneval als letzter Mohikaner gehen wollte.

»Su siehs' du och us!«, meinte Oma trocken.

Insgeheim zweifelte ich daran, dass sie wusste, was ein Mohikaner war. Aber ich erklärte ihr weiter, dass meine ärgsten Feinde die räudigen Schwarzfuß-Indianer seien, die – wie ich fachkundig wusste – in den Western auch Blackfeet genannt wurden.

Oma: »Ja, wer jlövst du, wüdd op Karneval mit bläcke Foot heröm loofe?«

Ich hatte es befürchtet! Von Indianern hatte meine Oma keine Ahnung. Im weiteren Verlauf unseres Gesprächs stellte ich sogar fest, dass sie nicht einmal den Unterschied zwischen Lederstrumpf und Pippi Langstrumpf kannte. Trotzdem schenkte sie mir ein paar Mark für einen Federschmuck.

Gleich am nächsten Tag wollte ich mir einen bei

Onkel Fritz besorgen und ihm die Blutsbruderschaft anbieten.

Verletzung der Privatsphäre oder: Hänsel und Gretel verirrten sich im Wald

Jeden Donnerstag wurden Oma und Opa von meiner Mutter zum Einkaufen in einen Supermarkt mitgenommen. Dort deckten sie sich mit allem ein, was ihr Rentnerherz begehrte. Ihnen dabei zuzusehen, war eine Lust.

Opa führte das Oberkommando: Er navigierte den Einkaufswagen durch die Regalschluchten und hakte die Einkaufsliste ab. Oma bildete die Vorhut und griff nach den Waren im Regal, um sich Preisschildchen und Haltbarkeitsdaten anzuschauen. Ich selbst, dem Kindersitz im Einkaufswagen bereits entwachsen, durfte die Flanke decken und ging nebenher. Manchmal wurden mir auch schwierige Sonderaufträge erteilt. Mit Opas Erlaubnis, mich von der Kolonne abzusetzen, hatte ich für den Nachschub wichtiger Versorgungsgüter zu sorgen. (»Jong, jank ens hinge e Pakett Klopapier holle!«)

Zur Aufrechterhaltung von Moral und Kampfgeist erhielt ich regelmäßig von Oma eine Sonderration Marschverpflegung. (»Jong, wills' de och widder e Milkedei han?« – Damit meinte sie einen Milky Way-Schokoriegel.)

Hin und wieder legten meine Großeltern einen

Stopp ein, um Lagebesprechung zu halten. (»Han me nauch jenoch Seefepolver im Huus?« oder: »Oos, die Äppel sehn äver höck fimschisch us ...!«) Sobald der Einkaufswagen voll beladen war, steuerten Oma und Opa mit ihrer Beute auf die Kassen zu und dockten an einer der Warteschlangen an. Hinter der Kasse sackte Opa alles in Einkaufsbeutel, wobei er strategisch geschickt auf eine gleichmäßige Verteilung des Gewichts achtete. Dann kontrollierte er den Kassenzettel, während Oma letzte Bestandsaufnahmen durchführte. Anschließend verschanzten sie sich an einem Punkt, der ihnen Rückendeckung und eine gute Rundumsicht bot. Dort bezogen sie Stellung, bis auch meine Mutter all ihre Einkäufe erledigt hatte, was normalerweise länger dauerte, weil sie weniger generalstabsmäßig vorging.

Eines Tages, als wir wieder beim donnerstäglichen Einkauf waren, beschloss ich wagemutig, mich ohne Befehl von der Truppe zu entfernen, um mich als Einzelkämpfer zu behaupten. Ich wollte Abenteuer erleben! Unauffällig löste ich mich von der Formation und ließ mich zurückfallen, bis Oma und Opa hinter dem nächsten Regal verschwunden waren. Dann drehte ich mich auf dem Absatz herum und rannte in entgegengesetzter Richtung davon. Ohne Karte und Kompass machte ich mich auf den Weg in die unendlichen Weiten des Supermarktes. Nichts

konnte mich schrecken! (Überhaupt hatte ich in meiner Kindheit Angst vor nichts. Außer davor, im Auto zu sitzen, während man durch die Waschanlage fuhr. Das war die Hölle.)
Ich gelangte unbemerkt in die Lebensmittelabteilung und legte eine erste Rast bei den Backwaren ein. Dort war ein kleiner Stand aufgebaut, wo eine Verkäuferin verschiedene Brotsorten zum Probieren anbot. Ich ließ mir eine mit Butter bestrichene Schnitte geben, tat so als würde ich sie essen, und langte sofort nach einer zweiten. Mir ging es aber nur darum, mich mit Proviant einzudecken. Die Schnitten klappte ich zusammen und steckte sie mir zufrieden in die Hosentasche. Dann überdachte ich mein weiteres Vorgehen und spähte dabei aufmerksam über das Gelände.
Plötzlich tauchten Oma und Opa ganz in der Nähe beim Gemüse auf. Sofort sprang ich hinter den Brotstand in Deckung. Mir war aber klar, dass ich dort nur vorläufig vor Entdeckung sicher war. Daher wartete ich einen günstigen Augenblick ab – Oma und Opa prüften gerade mit skeptischem Blick einen holländischen Kopfsalat –, ließ mich auf den Boden gleiten und robbte hinter ein Regal mit Keksen. Dabei wäre ich beinah vom Einkaufswagen eines älteren Herrn überrollt worden, der aus der Gegenrichtung angedonnert kam. (»Jong, häst du se nit mi all?«)
Hinter dem Keksregal fasste ich den Entschluss,

mich bis in die Spielwarenabteilung durchzuschlagen. Dabei wollte ich allerdings nach folgendem Gefechtsplan vorgehen: Um später wieder zurückfinden zu können, gedachte ich meine Streckenabschnitte kenntlich zu machen, und zwar nach der bewährten »Hänsel-und-Gretel«-Taktik. So wie im Horror-Thriller der Gebrüder Grimm die beiden Kinder ihren Weg im dunklen Wald mit Brotstückchen markiert hatten, so wollte auch ich meine Scheibe Brot zerbröseln, um meine Orientierung auf feindlichem Terrain sicherzustellen. In geduckter Haltung lief ich an Reis- und Nudelpackungen vorbei, hastete quer durch die Regale mit den Reinigungsmitteln und hielt mich dann Richtung Westen. Alle paar Schritt warf ich ein Stückchen Brot auf den Boden. ... Ich war in der Tat ein militärisches Genie!

Schon sah ich die Spielwaren vor mir am Horizont aufglänzen und glaubte, mein Ziel sicher erreicht zu haben. Da tauchten unverhofft meine Großeltern aus der Regalreihe mit den Haushaltsgeräten vor mir wieder auf. Sie mussten einen weiten Bogen geschlagen haben, um mich auf offenem Feld zu stellen. Ohne zu zögern warf ich mich in einen Seitengang, wo Rasierschaum, Seifen und Zahnpasta standen. Aber mit Entsetzen erkannte ich, dass mir aus der anderen Richtung meine Mutter mit ihrem Panzerwagen entgegenkam. Ich war eingekesselt!

Noch schien mich allerdings keiner gesichtet zu haben. Auch nicht mein kleiner Bruder, der bei meiner Mutter im Einkaufswagen saß und gerade damit beschäftigt war, eine Flasche Shampoo zu untersuchen. Ein rascher Rückzug konnte mich noch davor bewahren, vom Feind ausgemacht und aufgerieben zu werden. Hinter mir lagen die Umkleidekabinen der Bekleidungsabteilung. Ich überlegte nicht lange und rettete mich vor dem Erspähtwerden mit einem tollkühnen Sprung hinter einen zugezogenen Vorhang.

In der Umkleidekabine war jedoch eine ältere Dame von ansehnlichem Körperumfang damit beschäftigt, eine Miederhose anzuprobieren. Ihre Stiefel standen fein säuberlich neben einem Hocker, ihr langer Rock hing an einem Haken. An den Beinen trug sie nur ihre hautfarbenen Strumpfhosen. (Ich kann deshalb auch bis heute keinen Kebab essen. Immer wenn ich in den Imbissbuden die Fleischklötze an den Drehspießen sehe, muss ich an diese Beine denken.) Just in dem Moment, als ich durch den Vorhang in ihre Umkleide sprang, stand die Dame, die mir den Rücken zukehrte, auf einem Bein und versuchte mit dem anderen, in ein Hosenloch zu finden. Natürlich hatte ich weder die Absicht sie anzurempeln noch sie zu erschrecken. Dennoch ließ sich in der Hast nicht verhindern, dass ich die korpulente Dame ordentlich anstupste und sie ein schrilles »Huch!« ausstieß.

Ich hatte sozusagen ihre volle Breitseite gerammt. Die Dickmadam verlor das Gleichgewicht, tastete Halt suchend mit einem Arm durch die Luft, schaute mir für den Bruchteil einer Sekunde – quasi im Vorbeifallen – mit eulenartigen, weit aufgerissenen Augen ins Gesicht, krallte sich in den Vorhang, der betrügerisch aus seiner Verankerung riss, und fiel dann mitsamt Vorhang rücklings aus ihrer Kabine. Mit einem dumpfen Knall landete sie auf ihrem Rücken. Sie lag da wie eine tote Katze und streckte Arme und Beine in die Luft. An einem Bein hing auf Halbmast die Miederhose.
Zum Glück hatte die Dame Humor. Und was für einen! Sie hätte jedenfalls einen Orden dafür verdient! Nach einer Schrecksekunde prustete sie vor Lachen und bekam sich gar nicht wieder ein. Der Dame war wohl klar, welchen Anblick sie bot. Einen lachhafteren habe ich jedenfalls nie wieder zu Gesicht bekommen: Eine dicke tote Katze in Strumpfhosen, die lacht und nicht mehr hochkommt.
Es entstand ein ziemlicher Tumult. Zwei Verkäuferinnen kamen angelaufen, um der toten Katze unter die Arme zu greifen und sie wieder aufzurichten. Aber die Verkäuferinnen fingen selber so an zu lachen, dass sie mehrmals versuchen und all ihre Kräfte aufbieten mussten, bis die Dicke wieder halbwegs auf ihren Beinen stand. Alle Umstehenden schütteten sich ebenfalls aus vor Lachen.

Ich nutze das Spektakel, um unbemerkt unter einer Seitenwand der Umkleide her, die bis auf Kniehöhe offen war, in eine andere Kabine zu kriechen. Die war zum Glück leer; ich zog klammheimlich den Vorhang vor und kauerte mich auf einen Hocker. Zur weiteren Tarnung machte ich außerdem ganz fest die Augen zu. Diese Taktik nutzt die NATO ja heutigentags bei ihren modernen Tarnkappenbombern. Mein Kalkül ging auf, ich blieb unentdeckt. Nach einer Weile hörte ich, wie draußen das Gelächter verebbte. Und wie es klang, zwängte sich die dicke Dame nebenan wieder in ihren Rock, während die beiden Verkäuferinnen ihr kichernd den abgerissenen Vorhang vorhielten. Dabei hörte ich die Dicke von einem »kleene Jong« sprechen. Den Antworten der Verkäuferinnen war jedoch zu entnehmen, dass sie die Geschichte von dem kleinen Jungen wohl für eine Ausrede der Dame hielten. Schließlich entfernten sich die Stimmen. Es kehrte wieder eine gewisse Ruhe ein, nur die üblichen Supermarktgeräusche blieben übrig. Ich war gerettet!
Irgendwann wagte ich mich wieder aus meinem Versteck hervor und trat erneut den Weg zu den Spielsachen an. Dort langte ich auch nach endlosen Irrfahrten an und vergnügte mich damit, mir alles Mögliche anzugucken und auszuprobieren.
Wie viel Zeit ich dort verbrachte, vermag ich nicht zu sagen. Aber mit einem gewissen Stolz hörte ich

auf einmal meinen Namen durch die Lautsprecheranlage des Supermarktes hallen.
»Achtung, eine Durchsage: Der kleine Dieter wird gesucht ...« – Nie zuvor war ich über Lautsprecher ausgerufen worden. Mit einem Schlag war ich eine Person öffentlichen Interesses. Eben noch ein Niemand und plötzlich aus der Masse der Kaufenden herausgehoben, ausgezeichnet durch einen Ausruf, dekoriert mit dem höchsten Lorbeer und vor aller Ohren geehrt ... ein wahrer Held!
Ich verließ nunmehr die Spielwarenabteilung und begab mich Richtung Ausgang, wo sich die Kassen und die Information befanden. Um den richtigen Weg zu finden, brauchte ich mich nur dem Strom der Käufer anzuschließen, deren Einkaufswagen voll beladen waren. So fand mein Einsatz hinter feindlichen Linien ein ruhmreiches Ende.
Hinter den Kassen warteten meine Mutter und die Großeltern schon auf mich. Sie hatten wechselseitig voneinander angenommen, dass ich beim jeweils anderen stecken würde, bis ihnen erst an der Kasse mein Fehlen aufgefallen war.
»Wo woars' du Lömmel?«, wurde ich gefragt. Wahrheitsgemäß antwortete ich: »Ich wollte Abenteuer erleben!«

Nachspiel mit Oma und Opa:

Wieder zu Hause erhielt ich von Oma mein Milkedei, das ich mir redlich verdient hatte. Dabei erzählte sie mir von allerlei seltsamen Erlebnissen aus dem Supermarkt. Dass plötzlich »en dicke Tröööt« aus einer Umkleide gefallen sei und wie »se all jelaach' han wie ve'röck«.

Ich setzte mein Advents-Gesicht auf und hörte aufmerksam zu, als wüsste ich von nichts.

Aus dem Hintergrund meldete sich da mein Opa zu Wort. Er schimpfte, der Supermarkt sei »ene Soulaade'«:

»Do looch övverall Brut op de Erd'!«

Gesundheitsschädigung oder: Wem die Stunde schlägt

In unserer Nähe wohnte eine alte Frau, die mit den Jahren ziemlich schusselig geworden war. Meine Großeltern nannten sie »e ärm Dier«. Sie hieß aber in Wirklichkeit Frau Gänseschenkel und lief fast den ganzen Tag auf der Straße auf und ab, um jeden Vorbeikommenden nach der Uhrzeit zu fragen.
»Saaht misch ens, wie vill Uhr et is?«, rief sie selbst Leuten hinterher, die Hunderte Meter weit weg waren. Und kleinen Kindern lauerte sie geradezu auf, um sie notfalls beim Ärmel zu packen und zu fragen: »Kink, saach misch ens, wie vill Uhr et is?«
Als ihr das eines Tages nicht mehr genügte, begann sie damit, überall an den Türen zu klingeln und systematisch in der Nachbarschaft herumzufragen, was ihr die Uhr geschlagen hatte. Und weil ihr wohl trotz ihres verwirrten Zustands aufging, dass sie den Leuten lästig fiel, kam sie auf die glänzende Idee, sich für die Auskünfte erkenntlich zu zeigen. So kam es mehr als einmal vor, dass sie an unserer Haustüre klingelte, nach der Uhrzeit fragte und nach erhaltener Antwort zum Dank ein paar Markstücke in den Flur warf.
»Danke, hee hatt ihr jett!«
Leider wurden wir Kinder strengstens dazu angehal-

ten, kein Geld anzunehmen! Das war aber manchmal leichter gesagt als getan, denn Frau Gänseschenkel trat unmittelbar, nachdem sie ihr Geld verschleudert hatte, die Flucht an. Später achteten ihre Verwandten darauf, dass sie kein Bargeld mehr in die Finger bekam.
Was niemand ahnte: Am bedauerlichen Zustand der armen Frau trug ich die Schuld! (Jedenfalls höchstwahrscheinlich.)

In unserem Dorf wohnte eine Bauernfamilie. Die hatten nicht nur Felder mit Weizen und Zuckerrüben, sondern auch einen ansehnlichen Kartoffelacker. Und nach der Kartoffelernte fuhren sie stets mit ihrem Traktor kreuz und quer durchs Dorf, um ihre Erdäpfel im Direktverkauf anzubieten. Die ganze Bauernfamilie war dann zugange. Der Vater fuhr den Traktor und der jüngste Sohn saß neben ihm im Führerhäuschen. Hinten auf dem Anhänger stand die Mutter der Familie und verwaltete die Finanzen, sie hielt einen riesigen Ledergeldbeutel in der Hand und rechnete mit den Kunden ab. Die größeren Kinder waren damit beschäftigt, die Kartoffel in Eimer abzufüllen und abzuwiegen. Das Tollste aber war die steinalte Oma der Familie. Sie saß ganz hinten auf dem Anhänger, da wo sich die Kartoffeln zu einem Berg auftürmten. Dort thronte das alte Bauernweib wie die Königin von Saba und klingelte

mit einer schweren Glocke. Dazu schrie sie mit einer Stimme, die durch Mark und Bein ging: »Karrrr-tofff-fellll!!!«
Als kleiner Junge nahm ich an, dass sie 103 Jahre alt sein müsste. Das war natürlich nur eine grobe Schätzung, weil ihr Gesicht von 100 Falten durchfurcht war und in ihrem Mund noch drei Zähne standen. Sie auf dem Kartoffelberg hocken zu sehen war ein Anblick für die Götter. Erstaunlich war, dass sie da oben nicht runterfiel. Denn immer, wenn die Bauern einige Kunden bedient hatten und bis zur nächsten Straßenecke weiterfuhren, zog der Traktor mit einem scharfen Ruck an und sauste in einem Affenzahn davon, so dass man sich wundern durfte, wie die Alte sich da oben halten konnte. Gerüchten zufolge hatte es der Bauer, der den Traktor fuhr, darauf abgesehen, sich auf diese Weise seiner Schwiegermutter zu entledigen. Aber all seine Versuche schlugen fehl. Die Königin von Saba war so leicht nicht zu überlisten.
So brachten sie also ihre Kartoffeln unters Volk.
Was aber niemand bis auf den heutigen Tag weiß: Mit einem Eimer Erdäpfel sollte sich Frau Gänseschenkel das Unheil ins Haus holen!

Als ich schon zur Schule ging, kam unsere Familie auf den Hund. Das heißt wir Jungen bekamen eine schwarz-braune kläffende, schnüffelnde, hechelnde

Promenadenmischung geschenkt, die auf den Namen Strolchi getauft wurde. Dieser Name war einem Walt-Disney- Zeichentrickfilm entlehnt und damit ungefähr so originell wie die Hundenamen Lassie, Bello oder Rex. Das ging uns aber erst später auf, als die Taufe bereits vollzogen war. Unser Hund erhielt deshalb nachträglich allerlei Spitznamen, die von Strolli bis Pullermän reichten.

Mit Strolchi hatten wir viele lustige und spannende Erlebnisse. Er klaute Strümpfe aus dem Wäschekorb, die er in tausend Stücke zerfetzte. Er buddelte Löcher im Garten und er vertrieb gnadenlos alle Nachbarshunde. Er tat alles, um seinem Namen als Strolch gerecht zu werden.

Einmal wurde er von einem Auto angefahren. Er musste vom Tierarzt behandelt werden und tagelang in seinem Hundekorb liegen, um sich wieder auszukurieren. Ich tat alles, um ihm wieder auf die Beine zu helfen. Zum Beispiel spielte ich ihm an seinem Krankenlager auf meiner Blockflöte vor, um ihn aufzumuntern. Man weiß ja, dass Hunde sensible Geschöpfe sind und sehr auf die Stimmung der äußeren Umgebung reagieren. Vor allem wenn ich »Zu Bethlehem geboren« spielte, begann Strolchi leise zu junken. Ich war sicher, dass ihn dieses Lied erbaute und es einen erheblichen Anteil zu seiner Genesung beitrug. Nach einigen Wochen war Pullermän frisch und munter. In späteren Jahren hat er

übrigens zu Weihnachten immer noch gejunkt, wenn er »Zu Bethlehem geboren« hörte ...
Wer kann ermessen, was im Leben der Frau Gänseschenkel anders gekommen wäre, wenn ich unseren Hund nicht wieder aufgepäppelt hätte? Wenn Strolchi vorzeitig in den Hundehimmel aufgefahren wäre?

Es geschah alles an einem sonnigen Tag nach der Kartoffelernte.
Frau Gänseschenkel war seinerzeit noch bestens beieinander, eine ganz normale rüstige, nette, alte Frau. An diesem unheilvollen Tag war ich mit Strolchi spazieren. Denn ich war dran im wöchentlich wechselnden »Hundedienst« und musste dafür sorgen, dass der Hund ausgeführt wurde. Mit Strolchi an der Leine trottete ich über den Bürgersteig. Plötzlich war das laute Knattern eines Traktors hinter mir zu hören und ein gellender Schrei erscholl: »Karrrr-tofff-fellll!!!«
Im Höllentempo jagte der Traktor mit seinem Anhänger voller Kartoffeln an mir vorbei. An Bord befand sich wie gewohnt die gesamte Bauernsippschaft. Und eine Glocke schwenkend war auch ihre 103-jährige Königin von Saba mit dabei. Ich zuckte verschreckt zur Seite, so schnell donnerte das Gefährt an mir vorbei. Und auch unserem armen Hund fuhr der Schreck in die Glieder, dass er für

einige Augenblicke am ganzen Körper zitterte. Ich musste ihn erst beruhigen, bevor er imstande war weiterzulaufen.

Inzwischen hatte der Traktor ganz in unserer Nachbarschaft gehalten. Frau Gänseschenkel war aus ihrem Haus gekommen und hatte einen leeren Eimer mitgebracht, den sie mit Kartoffeln gefüllt haben wollte.

Sie wurde im Ruck-Zuck-Verfahren bedient, denn die Bauernkinder schaufelten schnell, sie zahlte, und nachdem drei oder vier weitere Hausfrauen ihre Kartoffelvorräte ergänzt hatten, brauste der Traktor weiter. Inzwischen war ich mit Hund aufgerückt und herangekommen. Frau Gänseschenkel wollte wieder in ihre Wohnung verschwinden, sie stand vor der zugeschlagenen Haustüre und suchte in ihrer Schürze nach dem Schlüssel. Ihren Kartoffeleimer hatte sie auf dem Bürgersteig abgestellt. Als sie mich sah, fing sie wie gewohnt einen Plausch an. »Ah Jong, häs' de denge Honk widder bej disch?« Wohlerzogen wie ich war, blieb ich stehen, um Antwort zu geben. Frau Gänseschenkel hatte auf ihre Frage aber gar keine Antwort erwartet, und plauderte munter weiter, bevor ich überhaupt den Mund aufgemacht hatte. »Isch han misch jett Erpel jekoof', Jong. Höck maach isch misch en äsch Erpelzupp ...«

Und sie redete und redete, während ich dastand und

brav mit dem Kopf nickte. Dabei kramte sie weiter nach ihrem Schlüssel.
Während ihr Wortschwall noch auf mich herabprasselte, blickte ich mich nach unserem Hund um, der an der Leine hinter mir stand. Ob das arme Tier immer noch vor Schreck bibberte? Als ich über die Schulter zurückschaute, erstarrte ich: Da stand unser Strolchi, hatte sein Hinterbein gehoben und pinkelte in den Kartoffeleimer! Was für eine Blamage! Wie peinlich! Ich postierte mich so, dass ich unseren Hund möglichst mit meinem Rücken abschirmte und Frau Gänseschenkel nicht gewahr wurde, was ihren wertvollen Erdäpfeln da widerfuhr. Sie bemerkte auch wirklich nichts. Dazu war sie viel zu sehr mit dem Suchen ihres Schlüssels und noch viel mehr mit ihrem ständigen Redefluss beschäftigt. Als Strolchi sein Geschäft erledigt hatte, dachte ich nur noch eins: Nichts wie weg hier! Bloß nicht erwischt werden. Und eilig zog ich unseren Hund an der Leine davon.
»Wat is da' loss?«, fragte Frau Gänseschenkel, als sie meinen eiligen Aufbruch bemerkte, Häs' de keen Zegg, Jong?« Und wieder brauchte ich gar nicht erst zu antworten, Frau Gänseschenkel fuhr sogleich fort: »Nee, nee, höck han se et äver all ihlisch. Net ens de jong Löck han Zegg! Keener hät mi Zegg op de Welt ...«
Und sie redete wohl noch Minuten lang davon, wie

schnelllebig unsere Welt geworden sei und dass niemand mehr Zeit für irgendetwas habe. Ich ließ sie reden und verdünnisierte mich.
Aber bald schon regte sich das schlechte Gewissen in mir. Hätte ich die tierische Besprenkelung der Kartoffeln nicht eingestehen müssen? Was würde passieren, wenn Frau Gänseschenkel ihre Kartoffeln kochen und aufessen würde? Welche Auswirkungen mochten die hündischen Ausscheidungen wohl auf den menschlichen Organismus haben? Hatte ich unsere Nachbarin gar vergiftet?
Die Folgen ließen nicht lange auf sich warten. In den nächsten Wochen und Monaten begann die arme Frau Gänseschenkel geistig abzubauen. Ihr Uhrzeit-Tick entwickelte sich und nahm bald jene bereits geschilderten drastischen Formen an. Es war so, als wäre die Ärmste auf der Suche nach der verlorenen Zeit ...
Und ich litt mit ihr! Denn ich war sicher, dass ich bzw. unser Hund diese Entwicklung ausgelöst hatten. Hier half kein Nachsitzen und kein Beichten. Ich war schuldig geworden! Meine verbrecherische Karriere hatte einen ersten Höhepunkt erreicht.

Nachspiel mit Oma:

Nach meiner Untat und ihren schrecklichen Folgen vergingen mehrere Wochen, die ich in tiefer Zerknirschung verbrachte. Ich war unfähig, jemandem mein Herz auszuschütten und meine Schuld vor anderen einzugestehen. Da saßen eines schönen Tages meine Großeltern wieder einmal beisammen und erinnerten sich daran, was sie in den Hungerjahren nach dem Krieg alles gegessen hatten: Suppen aus gekochten Brennnesseln, Brote, deren Teig mit Baumrinde versetzt gewesen war, oder auch gebratene Kartoffelschalen. Das Stichwort Kartoffeln machte mich hellhörig und ich wollte wenig später von meiner Oma wissen, was wohl alles passieren könnte, wenn man vergiftete Kartoffeln essen würde.

»Wie, wat meens' de, Jong?«, fragte Oma.

Ich druckste etwas herum. Dann wurde ich genauer und sprach von Kartoffeln, über die ein Hund gemacht hätte.

Oma schmunzelte: »Isch jlöv, do kritt me de Dönnschiss, äver jeck widd me am Eng wahl net ...« Und sie lachte weiter vergnügt vor sich hin. Oma lachte – und mir fiel eine Zentnerlast vom Herzen. Am Zustand der armen Frau Gänseschenkel trug ich vielleicht doch keine Schuld.

Es war wohl eher der Zahn der Zeit, der an ihr nagte.

Veruntreuung von Spenden oder: Auge um Auge, Zahn um Zahn

Irgendwann zu Grundschulzeiten wurde ich Messdiener, ebenso wie mein großer Bruder vor mir und wie mein kleiner Bruder nach mir. Als Messdiener lernten wir allerlei Nützliches und Wissenswertes über den Gottesdienst, zum Beispiel wer wann und wo zu klingeln hatte; das war unter allen Messdienern die beliebteste Tätigkeit. Einmal im Jahr, zur Osterzeit, genauer gesagt auf Gründonnerstag, gingen die Messdiener der Gemeinde einer alten Tradition nach: Aufgeteilt in Gruppen und ausgerüstet mit Leiterwagen zogen sie durch die Straßen, schellten an jeder Haustüre und überbrachten den Bewohnern des Dorfes den pfarrgemeindlichen Ostergruß.

Jede Gruppe hatte ihren Anführer, der sich dadurch auszeichnete, dass er eine plombierte Sammelbüchse bei sich trug sowie einen Zettel, auf dem genauestens die Straßenzüge und Ortsteile festgehalten waren, die seine Gruppe abzugehen hatte. Diese Streifzüge durch die Gemeinde liefen ungefähr nach folgendem Ritual ab: Die Messdiener schellten zu zweit oder dritt an den Türen, warteten bis ihnen aufgetan wurde, und sie sagten dann im Chor den folgenden Spruch auf:

»Wir sind die Messdiener der Pfarrgemeinde und wünschen Ihnen ein frohes Osterfest!« Dabei wurde mit der Sammelbüchse gerappelt.
Die Gemeindemitglieder spendeten wahlweise Geld, Eier, beides zusammen oder gar nichts. Das Geld wanderte in die Sammelbüchsen, um im nächsten Sommer das Ferienlager der Katholischen Jugend mitzufinanzieren. Die Hühnereier wurden im Leiterwagen gesammelt, um hinterher unter den Messdienern aufgeteilt zu werden. Dadurch war jede Messdienerfamilie reichlich mit Ostereiern eingedeckt. Und die Leute, die nichts spendeten, versteckten sich entweder hinter ihren Gardinen und taten so, als wären sie nicht zu Hause, oder sie ließen sich irgendwelche billigen Ausflüchte einfallen. Solche Fälle waren zwar die krasse Ausnahme, aber es waren die, die am ehesten im Gedächtnis hängen blieben und die die Sammelaktion spannender machten.
Jahr für Jahr wetteiferten die Messdienergruppen miteinander, wer die meisten Eier zusammenbrachte. Einen großen Wettbewerbsvorteil hatten dabei die Gruppen, die die Reviere mit den »fetten Fischen« zugeteilt bekamen. Beliebt war vor allem die Hauptstraße, an der zwei Bäckereien, ein Metzger, ein Café, der Schreibwarenladen (von Onkel Fritz) und eine Reihe anderer Geschäfte lagen. Dort fielen die österlichen Gaben üppiger aus als bei pri-

vaten Haushalten, denn auch auf dem Lande verstand man sich auf Public relation.

Als es wieder einmal gründonnerstagte, zog ich mit meinen Brüdern und einer Handvoll anderer messdienerlicher Jungen durch das uns zugeteilte Jagdrevier. (Mädchen wurden erst nach meiner Zeit als Messdiener zugelassen. Ob sie Eva hießen oder nicht!)
Unser Anführer schritt energisch mit seiner Sammelbüchse vorne weg und rappelte uns voran. Er hieß Rikald und war dafür bekannt, stets mit voller Inbrunst zu beten, seine Verneigungen vor dem Altar besonders tief zu machen und beim Singen alle Umstehenden niederzuschreien. Hinter seinem Rücken wurde er deshalb als Kirchenstreber bezeichnet.
Ein gewisser Wilhelm, der nicht nur dunkles, krauses Haar, dicke Lippen und eine breite Nase hatte, sondern dessen Arme auch noch länger zu sein schienen als seine Beine und der deshalb Aape-Willem (Affen-Wilhelm) genannt wurde, zog den Leiterwagen. Zum Sprüche-Aufsagen war er auch nicht zu gebrauchen. In dem Leiterwagen saß mein kleiner Bruder und sortierte die eingesammelten Eier und gab Aape-Willem hin und wieder mit einem Stöckchen aufmunternde Hiebe auf sein Hinterteil. Die Übrigen liefen die Haustüren ab und schellten, was das Zeug hielt.

Dabei kam es immer wieder zu den seltsamsten Wortwechseln mit den Dorfbewohnern. Etwa so:
»Wir sind die Messdiener der Pfarrgemeinde und wünschen Ihnen ein frohes Osterfest!« -
Eine Hausfrau: »Wat hatt ihr da leevere, Jonge, Eijer oder Jeld?«
»Eier!«
»Isch hann äver keen Eijer mi' im Huus.«
»Ja, dann Jeld!«
»Ich weeß äver jar net, wo mi Pottmannee is ...«
Dann suchte die Frau so lange, bis wir freiwillig wieder abrückten.
Sie vertröstete uns auf nächstes Jahr.

Ein anderer Fall:
»Wir sind die Messdiener der Pfarrgemeinde und wünschen Ihnen ein frohes Osterfest!«
Ein älterer Herr (der Aussprache nach zu urteilen ein zugereister Westfale): »Ich bin aber evangelisch.«
»Ja, haben Sie dann keine Eier?«
...

Oder so:
»Wir sind die Messdiener der Pfarrgemeinde und wünschen Ihnen ein frohes Osterfest!«
Ein Mann in verschwitztem Unterhemd, mit fettem Wanst, Stoppelbart und Schnaps-Fahne:
»Wat soll der Kwatsch?«

Wir zögerten einen Moment und sagten dann unseren Spruch noch ein zweites Mal auf, wobei unser Anführer energisch mit der Sammelbüchse rappelte: »Wir sind die Messdiener der Pfarrgemeinde und wünschen Ihnen ein frohes Osterfest!«
»Läckmiamasch!«
Sprach's und warf uns die Tür vor der Nase zu.

Damit kein falscher Eindruck entsteht: Das waren die Ausnahmen! Denn die allermeisten Leute gaben gern und viel und Aape-Willem musste sich mit seinem Leiterwagen schon bald mächtig ins Zeug legen. Auf dem Wägelchen stapelten sich schon nach wenigen Straßenzügen die Eierhürtgen und meinem kleinen Bruder blieb nur noch wenig Platz zum Sitzen und Antreiben. Aber irgendwer musste Aape-Willem ja zeigen, wo's lang ging.
Irgendwann befand aber mein großer Bruder, dass unser Spruch ziemlich langweilig sei. Er schlug daher folgende Abwandlung vor:
»Wir sind die Messdiener der Pfarrgemeinde und kommen für den Pastor die Eier abholen!«
Da wir bei dieser Variante immer in Lachen ausbrachen, bevor wir ihn zu Ende gesprochen hatten, und weil daraufhin die Eier-Ausbeute deutlich nachließ, gingen wir bald wieder zum Altgewohnten über. Außerdem konnte unser eifriger Anführer den verballhornten Spruch nicht mit seinem Gewissen ver-

einbaren. Weil er es dennoch nicht hatte verhindern können, begann er Buße zu tun und kasteite sich, indem er sich mehrmals im Takt mit der Sammelbüchse gegen die Stirn schlug. Eben ein Kirchenstreber ...

Schließlich kamen wir zum Haus von Fringse Jupp. Der war dorfbekannt als alter Geizhals. Dennoch entschied unser Anführer, dass wir an seiner Türe schellen sollten, auch wenn das erfahrungsgemäß nicht erfolgversprechend war.
Das alte Lied: klingeln, warten, die Tür ging auf.
»Wir sind die Messdiener der Pfarrgemeinde und wünschen Ihnen ein frohes Osterfest!«
Fringse Jupp glotzte uns zuerst aus großen Augen an, sagte kein Wort, zögerte einen Moment und verschwand dann wieder im Innern seines Hauses. Die Tür ließ er aber angelehnt. Schon wollten wir wieder kehrt machen, als Fringse Jupp tatsächlich mit einem Sechser-Pack Eier in der Hand zurückkam. Er murmelte nur ein »Hee, Jonge, maht et joot.«, drückte uns das Paket in die Hand und schloss die Haustür.
Das glich einer Sensation! Sechs Eier von Fringse Jupp wogen 30 Eier vom Metzger auf. Unser Erstaunen ging bald in erhitztes Gerede und vereinzelte Jubelrufe über. Das würde uns kein Mensch glauben, wenn nicht alle Gruppenmitglieder geschlossen

davon Zeugnis ablegen würden. Unser Gruppenführer blickte nur mit verzücktem Lächeln gen Himmel und pflegte seine Beziehungen nach ganz oben.
Aape-Willem grunzte und mein kleiner Bruder schwang seine Rute. Nur einer in unserer Gruppe – er hieß zufällig Thomas – war ungläubig. »Dat kann doch net mit reschten Dingen zujehn!«, sagte er und besah sich die Eier von Fringse Jupp mit großer Skepsis. Er holte eines aus der Verpackung und schnupperte daran, um festzustellen, ob uns der alte Geizhalz gar alte Eier angedreht hatte, die sowieso schon schlecht waren.
In diesem Moment kreuzte eine andere Messdienergruppe unseren Weg, deren Leiterwagen schon deutlich höher beladen war als unserer. Ihr Gruppenführer hieß Adrian. Das war ein ziemlicher Möchtegroß, der beim Laufen immer die Finger ausgestreckt hielt, so als würde er Karate-Schläge austeilen. Außerdem glaubte er anderen imponieren zu können, indem er englische Hits sang, die in den Radioprogrammen gerade aktuell waren. Dabei konnte er gar kein Englisch, was ihn nicht davon abhielt, so zu tun als ob, indem er lautmalerisch englische Wörter nachahmte. (»Ritschur jubäng denläng ...«) Adrian nahm an, dass das niemandem auffiel. Da war mir unser Kirchenstreber als Anführer schon lieber.
Adrians Gruppe hatte bemerkt, dass wir wild disku-

tierend beisammen standen und Aape-Willem eine Verschnaufpause einlegen durfte.

»Wat is' denn mit eusch los?«, rief Adrian mit höhnischem Ton von der anderen Straßenseite herüber.

»Fringse Jupp hat uns Eier jejeben.«, rief irgendwer von unserer Gruppe.

»Dat jlaubt ihr doch selbs' net!«, schallte es zurück.

»Oh, doch!«

Während das Gespräch erhitzt hin und her ging, entglitt Thomas das Ei, das er noch in seinen Fingern hielt. Es fiel zu Boden und zerbrach. Ein fürchterlicher Gestank machte sich breit.

»Hab isch et net jesacht«, meinte Thomas bitter, »der hat uns faule Eier anjedreht.«

Die andere Messdienergruppe brach mit etwa zwei Sekunden Zeitverzögerung in hämisches Gelächter aus: »Ha, ha, Fringse Jupp hat denen faule Eier anjedreht ...«

Ohne mir Gedanken über die Folgen zu machen, griff ich nach einem weiteren Ei aus dem Fringse Jupp-Sechser-Pack und drückte es Aape-Willem in die Hand, mit dem knappen Befehl: »Wirf!«

Aape-Willem grunzte zustimmend, dann schleuderte er das faule Ei auf die andere Straßenseite, das knapp vor der anderen Gruppe zerplatzte und mehrere Jungen vollspritzte.

»Habt ihr se net mehr all?!«, schrie ihr Gruppenführer Adrian uns in blinder Wut entgegen und langte nun seinerseits nach einem Ei, um es uns heimzuzahlen. Auge um Auge, Ei um Ei. Schon klatschte sein Gegengeschoss mit Wucht auf die Breitseite unseres Leiterwagens. Dann ging alles in rasanter Geschwindigkeit: Wenige Augenblicke später tobte eine erbitterte Eierschlacht. Unser Gruppenführer, der Kirchenstreber, warf sich zwischen die Fronten und versuchte uns allen Einhalt zu gebieten. Mit messianisch ausgebreiteten Armen stand er in der Schusslinie und rief uns zum friedlichen Miteinander auf. Das tat er so lange, bis ihn das erste Ei traf, dann schleppte er sich an den Rand des Schlachtfeldes und sank innerlich getroffen zu Boden.

Ebenso abrupt wie die Eierschlacht begonnen hatte, fand sie auch ein Ende. Denn plötzlich flog die Haustür von Fringse Jupp auf und der alte Geizhals kam herausgestürmt. Mit hochrotem Kopf und fauchender Stimme schrie er uns an: »Ja, sedd ihr ve'röck!! Ve'dammp noch emol! All die joot Eijer! Maaht, dat ihr vott kott!«

Fringse Jupp tobte wie ein Berserker. Dem standen die Augen quer! Beide Messdienergruppen sprangen bei seinem Erscheinen wie auf ein geheimes Kommando auf und traten in unterschiedliche Richtungen die Flucht an. Mein kleiner Bruder, immer noch im Leiterwagen hockend, trieb Aape-Willem gnadenlos zu gestrecktem Galopp an. Wir hetzten davon.

Hinter der nächsten Straßenecke hielten wir heftig atmend inne und sammelten uns. Mit zerknirschtem Gesicht zog Gruppenführer Rikald Bilanz: Die meisten waren irgendwie von irgendwelchen Eierspritzern beschmiert, etwa fünfzehn bis zwanzig Eier waren wohl verschossen worden, ein weiteres Dutzend war bei der Flucht zu Bruch gegangen. Wir machten uns und den Leiterwagen so gut es eben ging wieder sauber, dann gingen wir brav die letzten Häuser ab und kehrten schließlich, wie alle Gruppen, zum Sammelplatz beim Jugendheim zurück.

Dort angekommen, legte unser glaubenseifriger Gruppenführer sofort bei allerhöchster messdienerlicher Stelle eine umfassende Beichte ab. Auch Adrian, der Führer der anderen Gruppe, wurde zur Rede gestellt. Er bestritt, wie nicht anders zu erwarten, jede Schuld und behauptete, nur in Notwehr gehandelt zu haben. Nach längeren Gesprächen, der Anhörung aller Beteiligten und Beratungen der Obergruppenführer einigte man sich schließlich darauf, dass Aape-Willem, der zu seiner Verteidigung nur hatte grunzen können, an allem Schuld sei. Er hatte ja das erste Ei geworfen. Zugleich entschied man, ihn in einem Akt österlicher Gnade von aller Schuld freizusprechen. Auch ihm gestand man großzügig seinen Eier-Anteil zu. Damit war vorerst wieder alles in bester Ordnung.

Nachspiel mit Oma:

Meine Oma war amüsiert, als ich ihr erzählte, was beim Eiersammlen so alles passiert war, und sie schimpfte uns lachend alle miteinander »Schinn-ööster«!

Nur als sie hörte, dass ich es gewesen war, der Aape-Willem das Ei in die Hand gedrückt und zum Werfen aufgefordert hatte, wurde sie ernst. Das hätte ich nicht tun sollen.

»Komm isch jetz' in de Höll'?«, fragte ich kleinlaut.

»Do moss et ierz ens der kniestije Fringse Jupp hin«, meinte sie, halb im Spaß und halb im Ernst.

Die Eierschlacht der Messdiener blieb nicht ganz ohne Folgen: Nach den geschilderten Vorfällen wurde in unserer Gemeinde ernsthaft erwogen, den Brauch des Eiersammelns auf Gründonnerstag einzustellen. Offiziell hieß es, aus Angst vor Salmonellen ... Ersatzweise sollte das Sternsingen am Dreikönigstage wieder eingeführt werden, das Jahrzehnte lang in unserer Gemeinde nicht gepflegt worden war. Und so zogen rund zehn Monate später, am 6. Januar des darauffolgenden Jahres, Messdiener als heilige Könige verkleidet durch unser Dorf, singend, Sterne tragend und Glück wünschend. Aape-Willem mimte mit Hingabe den Mohrenkönig. Von Blackfacing hatte man damals noch keine Ahnung.

Kurz nach diesem Dreikönigstag verstarb übrigens Fringse Jupp, der Geizhals, an einer Darminfektion. Befund: Salmonellen. Und nachdem er beerdigt worden war, fand auch die Diskussion um eine Abschaffung des Eiersammelns ein unverhofftes Ende. Ob die beiden Ereignisse in einem Zusammenhang miteinander stehen, ist mir nicht bekannt. Jedenfalls wurde der Brauch des Eiersammelns schließlich doch beibehalten, und auch am Sternsingen hielt man fest.

So kommt es, dass seit dieser Zeit die Messdiener unserer Pfarre zwei Mal im Jahr mit ihren Sammelbüchsen durch die Straßen ziehen.

Mittwort
oder: Hälfte des Lebens

Es gibt Bücher, die haben ein Vorwort. Und es gibt Bücher, die haben ein Nachwort. Manche Bücher haben beides, manche auch keins von beiden. Dies hier ist jedoch das allererste Buch der Welt, das ein Mittwort enthält.

Mit diesem Mittwort möchte ich den Leser einmal darauf hinweisen, dass wir in einer Kultur leben, in der man von links nach rechts und von oben nach unten liest. (Jedenfalls im Rheinland.) Bei den Japanern ist das zum Beispiel anders: Für die ist der Buchrücken das Titelbild und sie lesen von hinten nach vorne. Für einen Japaner wäre also das Nachwort ein Vorwort. Und weil ich nicht mit hundertprozentiger Sicherheit ausschließen kann, dass auch ein Japaner mein Buch liest, füge ich dieses welterste Mittwort ein, strategisch genau in der Mitte des Buches. Denn die Mitte bleibt sich immer gleich, egal ob von rechts nach links oder von unten nach oben.

Wer sich in der Mitte befindet, hat den Vorteil, gleichermaßen nach allen Seiten schauen zu können. Und wenn der Frühling schön war, braucht man auch vorm Winter keine Angst zu haben. Auch im Winter gibt es Sonnenschein und auch die kalte Jahreszeit hat ihre Blumen.

KAFFEE
KAFFEE
ZOLL

Lästerung
oder: Jejrüsetzeisdumaria

Der Religionsunterricht an unserer Grundschule wurde von einem Herrn Kaplan erteilt. Dieser Kaplan war ein wandelnder Kleiderschrank, so groß, dass er kaum durch die Türe passte, und mit Schultern so breit wie ein Handballtor. Er war somit das, was man sich unter einem Mann Gottes vorstellen durfte: Ihm würde man zutrauen, 40 Jahre barfuß durch die Wüste zu ziehen oder mit seinem Wanderstab einen Fels zu spalten, aus dem dann frisches Wasser quellen würde. Im Übrigen hatte unser Kaplan eine entfernte Ähnlichkeit mit Heino, denn er hatte strohblondes Haar und trug gerne Sonnenbrille. Auch sein Name war so bemerkenswert wie sein Äußeres: Er hieß Fischling.

Der Religionsunterricht mit Kaplan Fischling machte Spaß. Er las meist am Anfang der Stunde eine Geschichte aus der Bibel vor und anschließend sollten wir Schüler ein Bild malen, das zur Geschichte passte. Und da ich gut malen konnte, erhielt ich gute Noten und konnte mich in dem Ruhm sonnen, besonders religiös zu sein.

Die Geschichten aus der Bibel machten auf mich

einen starken Eindruck. Ihren tieferen Sinn verstand ich zwar nicht, aber ich war nach dem Hören der Geschichten allzeit voll der besten Vorsätze. Da war zum Beispiel das Gleichnis vom guten Hirten, der des Nachts auszieht, um ein verirrtes Schaf zu suchen und nicht eher ruht, bis er es sicher nach Hause gebracht hat. Dem wollte ich irgendwann nacheifern. Ich nahm mir fest vor, später nach Australien auszuwandern, Schafhirt zu werden und gut auf meine Tiere aufzupassen.
Oder da war das Gleichnis vom verlorenen Sohn: Ein junger Bursche lässt sich vorzeitig sein Erbteil auszahlen, lebt für einige Zeit in Saus und Braus, kehrt dann aber verarmt ins Elternhaus zurück und wird dort freudig wieder aufgenommen. So wollte ich's später auch machen: mir Geld geben lassen, es verprassen und dann zurückkehren.

Kaplan Fischling war ein lieber Kerl und er tat sein Bestes. Ein wenig anders lag der Fall bei dem gestrengen Pater, der in unserer Gemeinde das Priesteramt versah. Und die Predigten, die er hielt, waren leider nicht halb so spannend wie die Geschichten vom Kaplan. Auch ohne über das Rüstzeug linguistischer Textanalyse zu verfügen, bemerkte ich schon als kleines Männlein, dass die Predigten des Paters immer dem gleichen Grundmuster entsprachen: In einem ersten Schritt beschrieb er zunächst die

Schlechtigkeit der Welt. Bei dieser Gelegenheit sagte er einmal wörtlich: »In unserer Welt herrschen Sechs und Schaos ...« In exakt dieser Aussprache! Dann zitierte er irgendwelche Stellen aus der Bibel, vorzugsweise aus den Apostelbriefen, wahrscheinlich deshalb, weil schon bei den Korinthern, an die Paulus seine Briefe adressiert hatte, Sechs und Schaos geherrscht hatten. Zum Abschluss der Predigt gemahnte er uns alle, in uns zu gehen. Was das wiederum bedeuten sollte, kapierte ich beim besten Willen nicht. Aber »In-sich-gehen« musste irgendetwas damit zu tun haben, Sechs und Schaos zu bekämpfen.
Im Prinzip ließen sich seine Predigten auf die Kernaussage »Seid gut!« reduzieren. Das wäre einmal was gewesen, wenn der Pater statt lange zu predigen einfach ans Ambo getreten wäre, beschwörend die Arme ausgebreitet hätte und ein donnerndes »Seid gut!« in die Schar der Gläubigen geschmettert hätte. Mehr nicht! – Es ist natürlich schade, dass in unserer Welt Sex und Chaos herrschen, um die Dinge einmal beim Namen zu nennen, und dass in Deutschland die Kirchen jämmerlich leer sind. Vielleicht wäre das ein bisschen anders, wenn die Predigten spannender wären.

Eines allerdings war seinerzeit hochspannend in der Kirche. Das war das Beten vor Beginn der Messe.

Bevor's nämlich richtig losging, wurden traditionell von den Kirchenbesuchern mehrere »Jejrüsetzeisdumaria« runtergebetet. In der Formel 1 nennt man das Warm-up.
Dabei gab es zwei Parteien von älteren Frauen, die im Beten miteinander wetteiferten. Die einen kamen aus dem Oberdorf, die anderen aus dem Unterdorf; die einen saßen geballt auf den Bänken drei und vier, die anderen zusammengerottet auf den Bänken sieben und acht. Auf der Bank sechs saß niemand, dort herrschte das Schaos.
Die Frauengruppen versuchten sich darin zu übertrumpfen, ihr »Jejrüsetzeisdumaria« schneller als die anderen zu beten. Da herrschte eine Spannung, dass es knisterte. Es brodelte in den Kirchenbänken wie in einem Hexenkessel.

An dieser Stelle muss ich einen Witz wiedergeben. Nicht, weil er besonders lustig ist, sondern weil er eine meiner Verfehlungen darstellt. Er ist sozusagen ein corpus delicti. Dieser Witz stammt aus den Zeiten, als es noch kein Schengener Abkommen gab und an den Grenzen noch ordentlich kontrolliert wurde. Auch zwischen Deutschland und Belgien. Der Witz geht so:
Ein Pastor fährt an einem Samstag nach Belgien, weil's dort billigen Kaffee zu kaufen gibt. In Belgien kauft er zwei Pakete Bohnenkaffee. Weil der Kaffee

zu verzollen ist, streift sich der Pastor sein Messgewand über und klemmt sich die zwei Pakete unter seine Arme. Als er bei der Rückfahrt an die Grenzkontrolle gelangt, fragt ihn der Zöllner:
»Haben Sie auf Ihrer Reise etwas gekauft?«
»Ja,« antwortet der Pastor wahrheitsgemäß.
»Was haben Sie gekauft?«, fragt der Zöllner weiter.
»Kaffee«, entgegnet der Pastor.
»Und wo haben Sie den Kaffee jetzt?«
»Ich habe ihn unter den Armen verteilt ...«

Ich muss gestehen, dass es eine Zeitlang gebraucht hat, bis ich diesen Witz verstand. Ich hatte ihn das erste Mal bei einem Kaffeekränzchen meiner Großeltern zu hören bekommen. Alle Anwesenden hatten sich damals ausgeschüttet vor Lachen. Als kleines Männlein hatte ich mitgelacht, weil Lachen ansteckend ist. Anschließend hatte ich mir aber fest vorgenommen zu ergründen, worin der Lacher bestand. Dazu brauchte ich meinen Opa, den ich später vertrauensvoll um Rat fragen konnte: Was war dran an diesem Witz?
Mein Opa erläuterte mir das Wortspiel mit den Armen. Das reichte mir aber noch nicht, um den Witz zu kapieren. Opa erklärte mir daher noch allerlei vom Zoll, vom Preisgefälle zwischen Belgien und Deutschland und derlei Dinge mehr. Das genügte mir aber immer noch nicht. Dann erzählte mein Opa

davon, dass Pastöre ja nicht lügen. Da musste ich endlich lachen, jetzt hatte ich kapiert.
Den Witz fand ich seit diesem Tage gut und erzählte ihn daher munter weiter, selbst an Gleichaltrige, die ihn in aller Regel beim ersten Hören ebenso wenig verstanden wie ich und denen ich dann stolz die Pointe erklären konnte.

Irgendwann bekam aber Kaplan Fischling davon Wind, dass ich derartige Witze verbreitete. Nach einer Religionsstunde nahm er mich daher beiseite, um mich unter vier Augen zu sprechen. Er erzählte zunächst wieder von Schafen und verlorenen Söhnen und ermahnte mich dann wohlwollend, solche Witze in Zukunft zu unterlassen. Irgendetwas Schlimmes musste ich mit diesem Witz verbrochen haben, denn der Kaplan forderte mich außerdem dazu auf, diese Lästerung bei nächster Gelegenheit zu beichten.
Am nächsten Samstag war auch gleich Beichtgelegenheit. Unser Pater saß im Beichtstuhl. Als ich an der Reihe war, kniete ich nieder und begann mit den auswendig gelernten einleitenden Formulierungen der Beichte. Dann zählte ich alle Sünden auf, die ich mir in letzter Zeit zu Schulden hatte kommen lassen: zum Beispiel dass ich mich an Omas geheimen Plätzchenvorräten vergriffen hatte oder dass ich bei meinem kleinen Bruder einen Groschen gegen ein 50-Pfennig-Stück eingetauscht hatte. Ich hatte ihn

angeschwindelt, der Groschen sei mehr wert, weil diese Münze größer war. Vor Einführung des Euro gab es tatsächlich eine solche Unordnung.
Dann erzählte ich von dem Witz. Der Pater horchte auf. Das war deutlich zu merken, denn während er sonst alle Sünden nur abnickte, hielt er nun inne. Nicht mal sein schwerer Atem war mehr zu hören. Er fragte nach, was das für ein Witz sei, und ich musste selbigen in aller Ausführlichkeit erzählen. Anschließend erklärte ich ihm noch, weshalb dieser Witz witzig sei. Es folgte eine Kurzpredigt, in der ich aufgefordert wurde, in mich zu gehen. Dann wurde ich mit der höchsten Strafe belegt, von der ich je unter gleichaltrigen Mitsündern gehört hatte: Ich musste zwölf »Jejrüsetzeisdumaria« beten. Zerknirscht verließ ich den Beichtstuhl, kniete mich in eine der Kirchenbänke und begann mit den Strafgebeten.

Nachspiel mit Oma:

Später erzählte ich meiner Oma von meiner zwölffachen Bestrafung. »Du bis' ene ärme Jong!«, meinte sie schelmisch lächelnd zu mir. »Wat woar dat da' vür ene Witz?«, wollte sie noch wissen. Und so gab ich den Pastoren-Witz für meine Oma noch einmal zum Besten. Zu meiner Verwunderung brach Oma in Lachen aus. Das war umso verwunderlicher, als sie den Witz ja schon kennen musste, sie hatte ihn ja

vor Zeiten auf besagtem Kaffeekränzchen gehört – und normalerweise lachten Erwachsene (anders als Kinder) über Witze nur einmal.
Während Oma noch schmunzelte, strich sie mir über den Kopf und meinte »Du bis' misch eene!«. Dann gab sie mir zur Aufmunterung ein paar Plätzchen.
Nachdem ich die Plätzchen verdrückt hatte, begann ich mir Vorwürfe zu machen, dass ich so kurz nach der Beichte schon gegen meine guten Vorsätze verstoßen hatte. Denn den verwerflichen Witz hatte ich ja eben – wenn auch nur für meine Oma – erneut erzählt. Ob die ganzen »Jejrüsetzeisdumaria« nichts genutzt hatten? (Nichts gegen »Gegrüßet seist du, Maria«, ein schönes Gebet, an dem nichts auszusetzen ist, wenn man's so für sich betet und ernst dabei meint. Aber nach dem dritten Runterbeten hätte ich genauso gut den Liedtext »Ach-wär-ich-nur-ein-einzig-Mal-ein-schmucker-Prinz-im-Karneval« murmeln können, der Effekt wäre derselbe gewesen.)
Heute, nach all den Jahren, weiß ich, woran's gelegen hat, dass ich so schnell wieder ins lästige Witzeln verfallen war: Ich hatte nämlich, wie ich mich gut erinnern kann, beim Beten in Bank sechs gekniet ... ich war ein Opfer des Schaos geworden!

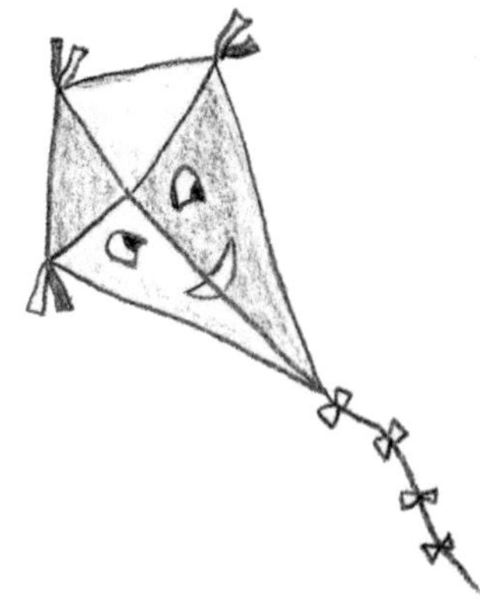

Sachbeschädigung
oder: Besser Ratten im Haus
als Verwandte zu Besuch

Die Deutschen sind seit Jahren bekannt für ihre Reiselust. Im internationalen Vergleich gelten sie als Touri-Weltmeister. Kein anderes Volk gibt so viel Geld fürs Reisen aus. Ob im kühlen Kanada oder im süßlichen Salzburg, überall trifft man auf Deutsche. Kein Dschungel oder Hochgebirge ist mehr vor ihnen sicher. Auch wenn sie ihre Couch-Garnituren und Wohnzimmerschränke aus Eichenholz mögen, mehrmals im Jahr zieht's sie unweigerlich in die Ferne ...

So war's auch schon mit mir, als ich noch ein kleiner Junge war. Immer wieder packte mich das Fernweh. Allerdings wollte ich nicht nach Honolulu oder Venedig, ja nicht einmal ins Legoland! Ich wollte nur eines, nämlich meinen Vetter besuchen. Der wohnte etwa fünf Kilometer entfernt in einem Nachbardorf.

Mein Vetter hatte solche Besuche bitter nötig, denn er war Halbwaise und lebte mit seiner Mutter und drei Schwestern unter einem Dach, obendrein wohnten zwei verwitwete Großmütter in unmittelbarer Nachbarschaft. Er brauchte also von Zeit zu Zeit dringend männliche Verstärkung. Denn mit wem sollte sich der arme Kerl auch vernünftig über UFO-Invasionen unterhalten können oder Gladiatorenspiele durchführen. Es gab nichts Schöneres, als bei ihm ein paar Tage zu verbringen und ihn vetterlich im Kampf gegen das vermeintlich schwache Geschlecht zu unterstützen.

Meine Tante war im Übrigen eine herzensgute Frau. Sie hatte allerdings den Fehler, dass sie viel zu diplomatisch war. Mein Vetter und ich malten zum Beispiel gerne Bilder (von Gladiatorenkämpfen und anderen wichtigen Begebenheiten) und meine Tante sollte hinterher entscheiden, welches Bild besser gelungen sei. Ohne lange zu zögern, antwortete sie dann: »Beide Bilder sind gleich schön.«

Oder wir bauten jeder aus Bauklötzen und Tierchen einen Zoo und die Tante sollte entscheiden, welcher Zoo schöner sei. Es war immer dasselbe: »Beide Zoos sind gleich schön.« Das war einfach zum Haareraufen! Ihr fehlte der Wettbewerbsgeist, den eben nur echte Männer haben. Bei späteren Wettkämpfen wie etwa Figurenpinkeln an der Rückseite ihrer Garage fragten wir sie erst gar nicht mehr nach ihrem Schiedsspruch, so etwas mussten wir unter uns ausmachen. Was wir da hinter der Garage trieben, ahnte meine Tante natürlich nicht. Sie wunderte sich nur, dass wir alle paar Minuten in die Küche gerannt kamen, um uns wieder ein paar Glas Wasser hinter die Binde zu gießen.

Das Dorf, in dem mein Vetter lebte, trug den seltsamen Namen Schlöch. Es war ein eigenartiges Örtchen, wo die Menschen ohne einen Onkel Fritz auskommen mussten, die Brötchen länglicher aussahen und die Leute über ganz andere Witze lachten. Zum Beispiel entsinne ich mich, wie mal jemand fragte, wo der Rest vom Sonntagskuchen sei. Und irgendwer antwortete: »Der is att längs op Millwieler aa'!« Darüber brachen alle in dröhnendes Lachen aus, nur ich verstand nix. Erst viel später erfuhr ich, dass in der Nachbargemeinde »Millwieler« das Klärwerk stand, an das auch die Schlöcher Kanalisation angeschlossen war ...
Auch das Schützenfest feierte man in Schlöch an einem ganz anderen Wochenende als bei uns, und ihre Maibäume waren keine Birken, sondern Tannen. Es war dort für mich so exotisch wie im fernen China. Doch trotz krasser Kulturunterschiede fühlte ich mich in Schlöch bei Vetter, Tante und Kusinen allzeit wohl. Es war spannend und abwechslungsreich bei ihnen. Wozu also auf die Bahamas fliegen?
Das allerspannendste, aufreibendste und nervenzerfetzendste Abenteuer meiner Kindheitsjahre fand auch in Schlöch statt. Denn bei meiner Tante im Keller war eine Ratte gesichtet worden. Mein Vetter und ich beschlossen daher, auf Rattenjagd zu gehen.
Bevor wir uns in den Keller wagten, rüsteten wir

uns, wie es sich für Kämpfer gehörte. Wir zogen uns feste Wanderschuhe an und klemmten uns die Hosenbeine mit Wäscheklammern zu, denn wir hatten von Horror-Storys gehört, dass Ratten einem in die weiten Hosenbeine geschlüpft waren und gebissen hatten. Wir streiften uns dicke Winterhandschuhe über und zogen dicke Pullover an, die uns abpolstern sollten. Mein Vetter lieh sich in der Nachbarschaft einen alten Eishockey-Torwarthelm mit Visier, ich stülpte mir eine Taucherbrille übers Gesicht, denn man wusste ja, dass Ratten einem auch ins Gesicht springen konnten.

Als Bewaffnung griff sich mein Vetter zunächst einen Federballschläger. Damit konnte man im Zweifelsfalle eine Ratte im Ansprung geschickt abwehren. Außerdem nahm er sich einen Kartoffelsack, den wir aufschnitten und an allen vier Enden beschwerten, um ihn als Wurfnetz zu verwenden. Zum guten Schluss steckte er sich noch ein Brotmesser in den Gürtel, mit dem wir der Ratte den Garaus machen wollten.

Ich selbst packte mir als Schutzschild den Deckel eines großen Suppentopfes. Aus der Garage holten wir für mich einen dicken, hölzernen Vorschlaghammer, den ich mir an die Seite band. Und zu guter Letzt packte ich mir einen Spazierstock, der unten eine scharfe Spitze hatte. An den Spazierstock banden wir eine Schnur, um ihn nach Art der Walfänger

nach dem Abwurf wie eine Harpune wieder einholen zu können.
Derart gewappnet begaben wir uns in den Keller. Das Herz schlug uns bis zum Halse. Aber wir wussten, dass wir uns vor unserer Verantwortung nicht drücken konnten. Wir mussten die Ratte erlegen, bevor die Bestie meine Tante, wenn sie ahnungslos zur Waschmaschine ging, bei lebendigem Leibe auffraß.

Im Keller herrschte Grabesstille. Ein mattes Licht ließ ihn wie eine dämmrige Gruft aussehen. Todesmutig begannen mein Vetter und ich, alle Kellerräume zu durchsuchen. Wir begannen in der Waschküche. Hatte sich die Ratte gar in der schmutzigen Unterwäsche ein Nest gebaut? Sicherheitshalber durchbohrte ich den Wäschehaufen mehrmals mit dem Spazierstock. Ohne Erfolg. Da hörten wir ein knackendes Geräusch aus der Waschmaschine. Sollte sich das Untier in der Wäschetrommel verkrochen haben? Kurz entschlossen warf mein Vetter die Waschmaschine zu und stellte einen Schleudergang ein. Dabei spähten wir durch das Bullauge der Waschmaschinentür, um zu sehen, ob die Ratte jämmerlich zu Tode gerüttelt wurde. Ratten waren zäh und als Gegner nicht zu unterschätzen, das war uns klar. Wir kippten daher noch massenweise Waschpulver und Weichspüler in die Maschine, um dem

Biest den Rest zu geben. Nach mehreren Minuten war der Schleudergang zu Ende gelaufen. Vorsichtig öffneten wir die Waschmaschine. Irgendetwas Dunkles, Haariges lag in der Trommel und schien noch zu zucken. Ich biss die Zähne zusammen und versetzte der Ratte einen Schlag mit dem Vorschlaghammer. Ein metallisches Klong war zu hören, ansonsten blieb es still. Kein Fiepen, kein Piepsen. Die Ratte musste tot sein. Leider stellte es sich dann heraus, dass in der Maschine nur ein dunkler Wollstrumpf lag. Wir waren irregeführt worden! Aber davon ließen wir uns nicht entmutigen.

Nachdem wir die Waschküche weiter gründlich durchstöbert hatten und sicher sein konnten, dass sich die Höllenbrut dort nirgends versteckt hatte, nahmen wir uns den nächsten Raum vor. Nun kam der Kartoffelkeller an die Reihe. In diesem Raum war's besonders dunkel und muffig. Vorsichtig stocherte mein Vetter mit dem Federballschläger in den Kartoffeln herum. Mit einem Male sprang ein dickes, braunes Etwas aus der Kartoffelkiste und huschte über den Boden. Mit wildem Gebrüll riss mein Vetter sein Brotmesser aus dem Gürtel und schleuderte die Waffe Richtung Ratte. Dabei ratschte er sich den Gürtel kaputt, schnitt sich durch den Winterhandschuh in den Daumen, und die Klinge des Brotmessers zerbrach auf dem Kellerboden in zwei Teile. Jedoch war sein todesmutiger Einsatz nicht

umsonst gewesen. Das gräuliche Getier rührte sich nicht mehr. Wir warfen ihm noch unser Wurfnetz über und prügelten mit dem Holzhammer darauf ein. Aber ein zweites Mal waren wir von der heimtückischen Ratte reingelegt worden. Denn auf dem Kellerboden lag nur eine dicke Kartoffel, plattgedroschen und zermatscht. Mist!
Bevor wir weiterjagen konnten, musste der blutende Daumen meines Vetters verbunden werden. Die Wunde war zwar harmlos und im Eifer des Gefechtes spürte er keinen Schmerz, aber er blutete wie am Spieß. Überall waren rote Spritzer. Wir gingen zurück in die Waschküche und machten ihm einen Verband aus einem Unterhemd. Dann setzten wir unsere Suche fort.
Auch im Heizkeller war nichts zu entdecken. Wir klopften vorsichtshalber den Öltank von allen Seiten ab und drehten mal an allen Hähnen und Verschlüssen. Die Ratte war aber nicht hervorzulocken.
Dann begaben wir uns in den großen Vorratsraum, wo sich auf mehreren Regalen Konservenbüchsen, Nudel-, Mehl und Zuckerpackungen auftürmten. Meine Tante war eine umsichtige Frau und für Notzeiten bestens gerüstet. Außerdem standen dort, wie das damals noch üblich war, bevor die Tiefkühltruhen ihren Siegeszug in die Haushalte antraten, massenweise Einmachgläser herum mit Kirschen, Birnen, Pflaumen und allem anderen, was

so im heimischen Garten wuchs und gedieh. Wo's so viel zu fressen gab, musste sich die Ratte ja versteckt haben!

Wir entdeckten ein Kilo-Paket Mehl, aus dem ein feiner, weißer Staub rieselte. Kein Zweifel, die Papiertüte mit Mehl musste von der Ratte angenagt worden sein. Vorsichtig holten wir das Paket vom Regal herunter, um es weiter nach Spuren abzusuchen. Leider fiel uns die Tüte aus den Händen, klatschte auf den Boden und zerplatzte mit einem dumpfen Buff. Wir wurden in eine Wolke aus Mehlstaub gehüllt.

Nachdem wir uns ausgehustet und wieder abgestaubt hatten, setzen wir mit unverminderter Kampfeslust unsere Suche fort. Mein Vetter stellte sich auf einen Hocker und stöberte auf den oberen Böden eines Regals. Plötzlich stieß er einen schrillen Schrei aus. Da saß sie: die RATTE! Zwischen eingemachten Pflaumen und Birnen blinzelte sie verängstigt auf uns herab. Mein Vetter fiel vor Schreck vom Hocker und landete im Mehl. Mit aller Kraft schleuderte ich meinen Spazierstock ins Regal. Ich verfehlte die Ratte um mindestens einen Meter, traf aber zwei Einmachgläser, die herabstürzten und klirrend auf dem Boden zerbrachen. Die Ratte sprang erbärmlich piepsend von dem wackelnden Regal hinunter auf den Fußboden und huschte in Windeseile davon. Dabei sprang sie meinem Vetter noch über die Beine und verschwand in einem winzigen Loch in der Wand. Mein Vetter warf ihr noch den Federballschläger hinterher, traf allerdings nur mich am Knie. Vor Schmerz kippte ich um und landete im Birnensaft.

Wir waren ramponiert, aber noch keineswegs geschlagen. Jetzt erst recht, dachten wir uns. Wir rappelten uns wieder auf und überlegten, wie wir weiter vorgehen könnten. Und gerade als wir damit anfangen wollten, brennende Papierkügelchen in das Rattenloch zu stopfen, um das Biest auszuräuchern, ging oben die Haustüre. Meine Tante war vom Einkaufen zurückgekommen und rief uns nach oben. Sie rief uns mehrmals, und zum Schluss so energisch, dass kein Widerspruch mehr denkbar war. Wir schleppten uns also nach oben: eingepackt in unsere Monturen, behangen mit allerlei Gerätschaften, mein Vetter mit Eishockey-Helm und ich mit Taucherbrille, er blutend und mit Verband, ich humpelnd wie ein Kriegsversehrter, beide verdreckt, voller Mehl und klebend vor Obstsaft.

Von dem, was wir dann zu hören bekamen, nachdem sich meine Tante zuerst uns und dann den Keller angeguckt hatte, sind mir nur noch einzelne, abgerissene Sätze erinnerlich. (Zum Beispiel der: »Wat hatt ihr Schinnööster hee alles temptiert?!« oder: »Oos, isch schloch üsch et Hemp in Flamme'!«)

Immerhin fand sie bald zu ihrer alten diplomatischen Haltung zurück und bestätigte, dass wir beide gleich bescheuert seien.

Um aber noch zu erzählen, was mit der Ratte geschah: Meine Tante hatte bei ihrem Einkauf auch eine Zuschnapp-Falle erstanden, die am Abend desselben Tages im Keller aufgestellt wurde, mit einem Stückchen Speck als Köder. Am nächsten Morgen hing das Tier bereits in der Falle, streckte alle Viere von sich und glotzte mit glasigen Augen ins Leere. Mein Vetter und ich entdeckten sie und verbrachten Minuten damit, uns unseren Widersacher anzugucken. Die Ratte sah eigentlich ganz possierlich aus, geradezu niedlich. Und zu unserer Überraschung tat es uns leid, dass sie ihr kleines Leben vorzeitig hatte aushauchen müssen.

Meine Tante gestattete uns nach langem Bitten und Quengeln, sie im Garten bestatten zu dürfen. Wir schaufelten ein Loch und mit allen erdenklichen Ehren wurde die Ratte von uns zu Grabe getragen. Weil uns kein besseres Grablied für eine Ratte einfiel, sangen wir »Viel Glück und viel Segen auf alle deinen Wegen ...«, das wir von unseren Namenstagsfeiern her kannten. Als Grabbeigabe kippten wir in ihre letzte Ruhestätte die Birnen und Pflaumen, die wir gestern hatten aufwischen müssen.

Nachspiel mit Opa:

Nachdem meine Ferien im fernen Schlöch zu Ende gegangen waren, erzählte ich allen zu Hause von unseren glorreichen Gefechten. Auch mein Opa bekam die Geschichte zu hören. Als er erfuhr, dass uns die tote Ratte zum Schluss auch noch leidgetan hätte, meinte er nachdenklich: »Jo, su is et im Läeve. Ze'ierz' schleet me sisch de Kopp een, un' hingeher weeß me net, wovür!«

Mein Opa musste wissen, wovon er sprach. Er hatte den Krieg miterlebt.

Damit hatten die Ferien in Schlöch eine weitere Dimension dazu gewonnen. Man konnte sich dort nicht nur erholen oder Abenteuerurlaub machen, sondern auch noch Bildungsreisen. Wozu also nach Venedig?

Unlauterer Wettbewerb
oder: Deutschland, einig Vaterland

In der Grundschule hing in unserem Klassenzimmer neben der Tafel ein heiliges Mysterium. Es war ein überdimensionales Bildnis, das unser Lehrer immer nur mit Andacht betrachtete. Was dort dargestellt war, war für Kinderaugen nicht eben leicht zu begreifen. Es handelte sich da nämlich um eine Landkarte. Auf selbiger befanden sich viele Linien in einer undurchschaubaren Anordnung, die dick, dünn oder gestrichelt waren. Außerdem gab es noch jede Menge Punkte, schwarze und rote in unordentlicher Verstreutheit. (Die roten Punkte erinnerten mich übrigens an Kaninchenaugen, die schwarzen an Kaninchenköttel.) Zwischendurch verliefen blaue Schlängel und die Hintergrundfarben waren Grün und Braun. Unser Lehrer nannte die Linien Grenzen, die Punkte Städte, die blauen Schlängel Flüsse und das ganze Grün-Braune Deutschland.
Wenn unser Lehrer über Deutschland sprach, dann fuchtelte er dabei mit seinem Rohrstock durch die Luft. Vor dem Stock hatten alle einen Heidenrespekt und über Deutschland gab es viel zu erzählen.
Unser Lehrer war ein schmächtiges Männchen mit silbergrauen Haaren und einer klassisch gebogenen, griechisch-römischen Adlernase, die bewies, dass er

ein alter Lateiner war und sich mit Grammatikregeln auskannte. Und solche Lehrer neigten zur Strenge. Unser Lehrer hieß Herr Kurth, wurde aber in Schülerkreisen nur Lehrer Knut genannt.
Lehrer Knut erklärte uns Deutschland wie folgt, wobei er beim Zeigen ausgiebig von seinem Rohrstock Gebrauch machte. Ganz rechts auf dem geheimnisvollen Bildnis – Lehrer Knut nannte das Osten – gab es Gebiete mit gestrichelten Linien. Sie hießen Ostpreußen, Hinterpommern und Schlesien, und die stünden zur Zeit unter polnischer Verwaltung. Verwalten – und das wusste ich – war so ähnlich wie das, was unser Hausmeister für unsere Schule tat. Die Polen waren mir daher auf Anhieb sympathisch. War doch nett von ihnen, diese Arbeit zu übernehmen. Unser Hausmeister zog auf dem Sportplatz schließlich auch mit Diensteifer die Linien fürs Fußballfeld, dicke und gestrichelte.
In der Mitte der Karte, so Lehrer Knut weiter, befände sich die DeDeEr. Das sei auch Deutschland, aber nicht so richtig, denn in der DeDeEr stünde der Russe.
Der arme Kerl, dachte ich. Warum musste der da rumstehen, der Russe? So ganz alleine und noch dazu in einem Gebilde, dass weder Fleisch noch Fisch zu sein schien und den seltsamen Namen DeDeEr trug.
Ganz links auf der Karte – Lehrer Knut sprach von

Westen – befände sich das eigentliche Deutschland, die Bundesrepublik. Die Bundesrepublik bestünde wiederum aus Bundesländern, und die hießen Schleswig-Holstein, Niedersachsen, Hessen, Saarland undsoweiter undsoweiter.
Deutschland war ganz schön kompliziert! Ein Land, das aus Ländern bestand, irgendwo hielt sich ein einsamer Russe auf und rechts gab's Strichellinien.

Das hier, sagte Lehrer Knut und fuhr mit seinem Stock eine dünne Linie ab, sei das Land Nordrhein-Westfalen. Den Namen schrieb unser Lehrer an die Tafel. Es war ein schrecklich langes Wort mit vielen Buchstaben und einem Bindestrich in der Mitte. Nordrhein-Westfalen bestünde aus einem rheinischen und einem westfälischen Landesteil, wurden wir aufgeklärt. Und in der Mitte liege das Ruhrgebiet. (Der Lehrer zeigte auf eine Ansammlung von Kaninchenkötteln.) Im Ruhrgebiet musste es drunter und drüber gehen, denn wie der Lehrer uns wissen ließ, wurde dort tief aus der Erde Kohle ausgegraben, um sie dann in Hochöfen zu verbrennen. Die Leute im Ruhrgebiet hießen alle Strezebakowski und Woljanszek und die seien alle aus Polen eingewandert. Was sie dort trieben, war unklar. Ich dachte, die müssten alle auf Schlesien und Hinterpommern aufpassen. Jetzt würden auch viele Türken im Ruhrgebiet arbeiten. Türken kannte ich, das waren die mit

den Kebab-Buden. Irgendwer musste die ganzen Polen wohl versorgen ...
Der Landesteil Nordrhein würde auch Rheinland genannt, meinte Lehrer Knut. Es wurde immer verwirrender: wie ein Land aus verschiedenen Teilen bestehen konnte, die mehrere Namen hatten und selber wieder Länder waren.
Im Rheinland wohnten wir, sagte der Lehrer und er zeigte auf eine Stelle der Karte, wo es weder einen roten noch einen schwarzen Punkt gab. Es war ziemlich enttäuschend, dass unser Dorf den Kartenzeichnern nicht mal einen Köttel wert gewesen war.
Die wichtigsten Städte im Rheinland seien Düsseldorf, Köln und Aachen, erklärte Lehrer Knut fortfahrend. Sein Zeigestock tippte auf drei Punkte. Es war schon beeindruckend, wie unser Lehrer unter all den Punkten auf der Karte immer die richtigen herauszufinden vermochte.
Düsseldorf sei die Landeshauptstadt, wurde uns erzählt. Dort stehe die längste Theke der Welt und Düsseldorf sei bekannt für seinen Löwensenf.
Wie konnte ein Düsseldorf eigentlich eine Stadt sein, noch dazu eine Hauptstadt? Wie lang war wohl jene Theke, von der da die Rede war? Und was hatte es mit dem Senf auf sich? Wurde er aus gepressten Löwen zubereitet?
Glücklicherweise quälten solche Fragen auch noch einen Mitschüler, der es wagte zu fragen, ob der

Löwensenf an Löwen verfüttert würde. Lehrer Knut sah den Fragensteller mit spöttischer Miene an, um dann aber gönnerhaft zu erläutern, dass der Senf so scharf und löwenstark sei, dass er auf der Zunge brenne. Damit war mir auch klar, warum die Düsseldorfer so eine lange Theke brauchten.

In Aachen, fuhr Lehrer Knut fort, habe einst Karl der Große geherrscht und dort würden die Printen gebacken, die wir alle von Weihnachten kennen würden.

Wer war Karl der Große? Ob er größer war als die Theke in Düsseldorf? War Karl der Erfinder der Printen gewesen oder weshalb hatte er es zu einer solchen Berühmtheit gebracht, dass unser Lehrer ihn erwähnte? Printenbäcker müsste man sein, die hatten sicherlich nur vor Weihnachten viel zu tun und den Rest des Jahres Ferien. Aus welcher Stadt mochte wohl der Spekulatius kommen?

In Köln, hieß es weiter, stünde der Kölner Dom und dort braue man das bekannte Kölsch-Bier.

Das waren endlich einmal einleuchtende Informationen. Dass der Kölner Dom nur in Köln stehen konnte, war mir rein intuitiv klar. Und dass das Kölsch in Köln gebraut wurde, klang ebenfalls logisch. Denn würde es in Düsseldorf gemacht, müsste es ja Düsselsch heißen. Interessant wäre es nur gewesen zu erfahren, ob die Kölner ihr Bier nach Düsseldorf exportierten; die Düsseldorfer hatten ja schließlich

die passende Theke dazu. Ich traute mich aber nicht zu fragen. Wie naiv diese Frage war, wurde mir auch erst viel später bewusst, als ich Alt geworden war.
Wie beiläufig fuhr unser Lehrer noch mit seinem Zeigestock über Ostbelgien. Hier spreche man auch Deutsch, wurden wir belehrt, aber Malmedy und Eupen seien nach dem ersten Weltkrieg an Belgien gefallen.
Wer waren Malmedy und Eupen? Ob es ihnen gefiel, an Belgien gefallen zu sein? Ob die zwei überhaupt noch lebten? So schnell ging's also raus aus dem Rheinland. Malmedy und Eupen taten mir ein bisschen leid, denn ihr Schicksal klang aus dem Munde unseres Lehrers wahrhaft schauderlich.
Dann begann Lehrer Knut damit, noch einmal die Namen der zehn westdeutschen Bundesländer (plus West-Berlin) herunter zu beten. Die Zahl könne man sich leicht merken, sagte er: so viele Länder wie Finger an den Händen (plus West-Berlin, für das kein Finger mehr übrigblieb und das man sich mit anderen Gliedmaßen merken musste).
Es war die letzte Stunde des Tages, auf den meisten heimischen Küchentischen dampften bereits die Kartoffeln zum Mittagessen, und es konnte sich nur noch um Minuten bis zum erlösenden Glockenläuten handeln, das den Schultag beschließen würde. Da verfiel Lehrer Knut auf eine grausame Idee. Es dürften nur diejenigen nach Hause gehen, die die

zehn Bundesländer (plus West-Berlin) auswendig aufsagen konnten. Vorher gäbe es keinen »Zapfenstreich«, wie er meinte, und Lehrer Knut fuhr mit seinem Rohrstock gefährlich pfeifend durch die Luft. Das war mein Ende! Ich sah mich in Gedanken schon als Greis mit Rauschebart auf der Schulbank sitzen, dem es auch nach Jahrzehnten noch nicht gelungen war, sich zehn Namen zu merken. ZEHN Namen von ZEHN Ländern (von West-Berlin ganz zu schweigen)! Eine schier unüberwindbare Aufgabe!

Da sich niemand freiwillig meldete, sagte Lehrer Knut die Namen der Bundesländer noch mehrmals auf und fuhr dabei mit seinem Stock über die Karte. Schließlich meldete sich die Klassenbeste, stammelte mit Ach und Krach zehn Namen daher, packte dann eilig ihre Sachen und verabschiedete sich aus dem Klassenzimmer. Es vergingen weitere ewig lange Minuten, in denen Lehrer Knut erneut die Namen der zehn Länder aufsagte, auf dass sie sich unauslöschlich in jedes Schülerhirn einbrannten.

Andere Geistesgrößen aus unserer Klasse meldeten sich, um die Aufgabe in Angriff zu nehmen und sich – bei Erfolg – anschließend zu verdünnisieren. Ein Junge scheiterte jämmerlich, weil er schon nach vier Bundesländern nicht mehr weiterwusste und in seiner Not begann, vom Schwarzwald zu faseln.

»Su 'ne Kwatsch!«, schalt ihn Lehrer Knut.

Der Junge brach weinend auf seinem Pult zusammen. Er dürfe es später noch einmal versuchen, gestand ihm Lehrer Knut großmütig zu und ließ den Rohrstock über dem Kopf des Ärmsten kreisen.
So musste es mir zwangsläufig auch ergehen! Zehn Namen! Das würde ich nie schaffen. Außer ... wenn ich mir heimlich Notizen machte. Das war zwar Schummelei, aber nur so glaubte ich mich vor dem sicheren Hungertod retten zu können. Auf meinem Pult gammelte die scharfe Nadel eines Zirkels herum, die ich einmal auf dem Schulhof gefunden hatte. Das war meine Chance! Ich hörte nun noch einmal eifrig zu, um die zehn Namen aufzuschnappen und sie unauffällig in mein Pult zu ritzen. Auf ein Papier zu schreiben, wäre zu auffällig gewesen ... Leider war ich im Rechtschreiben noch nicht allzu gut und die Namen waren kompliziert, weshalb ich mich einer eigenen »Bildersprache der Eselsbrücken« bediente. Ich ritzte einen Sack ins Holz des Pultes, der niederfiel: Das war Niedersacksen. Eine Tür mit einem Schlüssel, hinter der man etwas wegschließen konnte, nebst einem ausgehöhlten Stein: Das war Schließweg-Hohlstein. Das Konterfei unseres hässlichen Lehrers stand für Hessen. Vier verschrumpelte und aufeinandergestapelte Tierchen (Esel, Hund, Katze und Hahn): Das waren die vier Stadtmusikanten, die mich an Bremen erinnern sollten. Eine Wanne mit einem Pastor drin,

also einem geistigen Würdenträger, neben einem Berg: Das war Baden-Würdenberg ... Nur Nordrhein-Westfalen brauchte ich mir nicht zu merken, das stand ja an der Tafel.

Nachdem ich in mühevoller Kleinarbeit, unbemerkt und klammheimlich, alle Länder in meiner Hieroglyphenschrift festgehalten hatte, nahm ich all meinen Mut zusammen und meldete mich. Todesverachtend sagte ich einen Namen nach dem anderen auf, mit feuerroten Ohren, möglichst unauffällig auf meine Ritzungen im Pult spähend. Und nachdem ich es tatsächlich fertiggebracht hatte, alle zehn Namen aufzusagen, fragte Lehrer Knut mit schneidender Stimme:

»Ja un' wat noch?!«

Er hatte Recht. Etwas fehlte! Es waren zehn Bundesländer plus noch etwas! Etwas, wofür mir kein Finger zum Merken mehr übriggeblieben war. Angespannt dachte ich nach. Ich hätte mir vor Aufregung fast in die Hose gemacht. Ich musste dringend aufs Klo. Da fiel mir plötzlich das fehlende Glied ein!

»West-Berlin!«, rief ich triumphierend.

Ich war gerettet. Lehrer Knut nickte gnädig: Ich raffte meinen Schulranzen auf und verließ fluchtartig das Klassenzimmer. Ob meine Ritzungen später jemandem auffallen würden, war mir in diesem Moment egal. Ich hetzte nach Hause. Ich rannte

über den Schulhof, sprang über den Sportplatz, kletterte über einen Zaun, lief eilig über eine Straße, stürmte durch unsere Haustüre ... und schaffte es gerade noch rechtzeitig aufs Klo.
»Wat is da' mit dir loss?«, fragte mich mein Opa entgeistert, der mich so hastig in die Toilette verschwinden sah. Ich erklärte ihm später meine persönliche Berlin-Krise.

Nachspiel mit Opa:

Meinem Opa erzählte ich hinterher, wie grauenhaft die Stunde gewesen war, wie viele Linien es auf unserer Karte gab, dass der Schwarzwald kein Bundesland ist, die Belgier kein Belgisch sprechen und die Polen alle Hausmeister wären. Mein Opa kannte sich aus mit Deutschland. Und weil er ein belesener Mann war, antwortete er mir mit einem Heine-Zitat: »Denk ich an Deutschland in der Nacht, so bin ich um den Schlaf gebracht ...«
»Dat kapier isch net«, entgegnete ich.
Mein Opa übersetzte mir daher den gelehrten Satz ins Rheinische: »Denk isch a' Dütschlank et naahts, könnt isch kriesche bis angere Daachs ...«
Das klang schon verständlicher. Jedenfalls: Deutschland war zum Weinen.
Zum Glück ist Deutschland heute wiedervereinigt, aber im Nachhinein bin ich froh, dass es in meiner Schulzeit noch keine sechzehn Bundesländer gab,

wie heutigentags. Wo hätte ich sonst nur all die Gliedmaßen hernehmen sollen?

Rufmord
oder: In der Not frisst der Teufel Kot

Zu meinen Verwandten gehörte ein Großonkel zweiten Grades, der mit einer angeheirateten Stiefnichte meiner Uroma verschwägert war. Oder so ähnlich jedenfalls. Dieser Verwandte war ein Kerl wie ein Kleiderschrank: bullig, bärig, mit breiten Schultern und dabei fast 1,90 m groß – und ich glaubte als kleiner Junge, dass er gerade deshalb ein Großonkel sei. Vollkommen im Gegensatz zu seinem männlich-imposanten Äußeren stand jedoch sein ›labbelig‹-schlapper Charakter. Er war der Prototyp von einem Weich-Ei, selbst als Mann in seinen besten Jahren: schlaff, unselbständig, kränkelnd und ständig düster in die Zukunft blickend. Er gehörte zu jener Sorte Männer, die man nicht einmal in den Supermarkt schicken konnte, um Senf zu kaufen. (»Isch weeß jo net, wo su jett steht.«). Von Ketchup ganz zu schweigen!

Mit dem Auto eine unbekannte Strecke zu fahren, war für ihn Stress pur. Wenn bei ihm zu Hause mal neu tapeziert wurde, bekam er Durchfall vor Aufregung. Und wenn er einen Termin beim Arzt hatte, ging seine Frau immer mit, um ihm im Wartezimmer Mut zuzusprechen und bei der Sprechstunde seine Anliegen vorzutragen.

Besagte Frau war übrigens ähnlich veranlagt wie der Großonkel, nur mit dem Unterschied, dass sie die Rolle der sich aufopfernden Ehefrau übernommen hatte, die alles tat, um ihrem armen Mann sein jammervolles Leben zu erleichtern.

Wenn die zwei einmal eine Urlaubspostkarte schickten, begannen die immer mit einer Formulierung wie »Es geht uns noch verhältnismäßig gut ...« und sie endeten mit Sätzen der Art »Wir hoffen trotz allem, heil wieder nach Hause zu kommen.«

Die Urlaubspostkarten kamen immer aus dem Harz oder dem Spessart, denn weitere Strecken trauten sich die beiden nicht zu.

Mit dem Zug verreisten sie übrigens nur im Notfall, denn der Großonkel wurde im Zug immer seekrank. Mit dem Schiff fuhren sie nie, mein Großonkel hatte Angst vorm Wasser, denn er konnte nicht schwimmen. Und mit der gleichen Begründung hat er sein Lebtag nie eine Flugreise unternommen, er war nie flügge geworden.

Irgendwann stellte mein Großonkel aber auch seine Kurlaube in die deutschen Mittelgebirge ein, mit der Begründung, er könne es nicht mehr ertragen, all die Leichen an den Straßenrändern der Autobahnen sehen zu müssen. Tatsächlich hatte er einmal einen alten Ford mit eingedrücktem Kotflügel vor einer Notrufsäule gesehen.

Mein Großonkel hegte und pflegte all seine Weh-

wehchen und bauschte jede Kleinigkeit zu einem Drama auf. Wenn er zum Beispiel Husten hatte, sprach er gleich von einer Lungenentzündung. Einmal kam er auch leicht erkältet und mit gramgeschwängerter Dulder-Miene zu uns zu Besuch und reichte zur Begrüßung statt der rechten Hand seinen Ellenbogen, um – wie er meinte – niemanden anzustecken. Und das war Jahrzehnte vor den Pandemien, die die Welt seit den 2020ern plagen.
Ein andermal sagte er einen Kaffeundkuchensonntagnachmittag-mitverwandtenundbekannten ab, weil er am Vortag den Gartenzaun repariert und sich einen Splitter in den Daumen gerammt hatte. Nun lag er auf dem Sofa, um sich auszukurieren. Seine Frau machte ihm kalte Wadenwickel. Am Telefon, nach seinem Befinden gefragt, antwortete er stöhnend: »Isch jlöv, et jeht op et Eng aa' …«
Warum der Großonkel so wurde, wie er war, wäre ein interessanter Forschungsfall gewesen: War er mit diesem Charakterzug geboren oder zum Warmduscher erzogen worden? Hatte ihn ein traumatisches Erlebnis dazu gemacht oder erfüllte er nur die Rollenerwartungen seiner Frau? Als wahrscheinlich galt in der Verwandtschaft die Geburtstheorie; er war just so, wie er war, zur Welt gekommen. Jedenfalls erzählte man sich, dass er schon in jungen Jahren so gewesen sei. Als Beleg galt etwa folgende Anekdote über ihn: Als Schüler habe er bei einem

Fahrradausflug mit Freunden mal einen Platten gefahren. Daraufhin habe er sich schicksalsergeben in den Straßengraben gesetzt und seine Kameraden dazu aufgefordert, weiterzufahren und ihn hier allein verhungern zu lassen.
Wenn in der Verwandtschaft über ihn gesprochen wurde, nannte man ihn – auf sein Äußeres anspielend – ›Kaventsmann‹ oder ›Kabänes‹ oder – zur Charakterisierung seiner Person – ›Kengskopp‹, ›Knaatsch‹ oder gar ›Botzedrießer‹. (Letzteres übrigens wegen eines ganz bestimmten Ereignisses, an dem ich einen nicht unwesentlichen Anteil hatte.)
Der Großonkel war, mit kindlichen Augen betrachtet, einem Teddybären ähnlich, so wie man ihn an den Losbuden der großen Kirmesplätze gewinnen kann: überproportioniert, aber nur mit Schaumstoff gefüllt.
Der Großonkel zweiten Grades von der verschwägerten Stiefnichte meiner Uroma war zwar ein Laumann, aber davon einmal abgesehen war er ein netter Kerl, jedenfalls kinderlieb und meist auch ganz spendabel. Ein einziges Mal bin ich mit ihm zusammen auf einer Kirmes gewesen, eben einer solchen, wo's riesengroße Teddybären zu gewinnen gibt. Ich durfte bei dieser Gelegenheit nach Herzenslust Karussell fahren und ich bekam einen Flitzebogen mit Saugnapf-Pfeilen geschenkt. Es war ein warmer Frühlingstag und die Welt hätte nicht schöner sein

können. Überall lockten die köstlichsten Versuchungen: steinharter Lebkuchen, uraltes Lakritz, bienenumschwirrter Fruchtgummi und sonstige Spezialitäten, wie sie Kinder an bunten Kirmesbuden mögen. Ich bekam von allem reichlich, denn den Großonkel zu überreden war ein Leichtes. Er konnte eben auch keine Kinder leiden sehen bzw. quengeln hören. Allerdings wurden seine Augen immer größer, als er mitbekam, was ich so alles verdrücken konnte. Er fragte zwar mal »Jong, widd et disch net schläeht?«, aber davon ließ ich mich nicht beirren. Als ich auch noch Soft-Eis, kandierte Mandeln, Kokos-Stückchen, einen Paradies-Apfel sowie eine Nougat-Schnitte in mich hineingestopft hatte, wurde der Großonkel schon ganz bleich im Gesicht. Es ist mir unerklärlich, woran es lag, denn nicht mir, sondern ihm wurde mit der Zeit speiübel. Es folgten Liebesperlen, abgefüllt im Plastik-Spazierstöckchen, Salmiak-Pastillen, eine Schoko-Schnecke und verschiedene andere Kleinigkeiten. Und schließlich, nach Waffeln mit Schaumzuckerfüllung, Marzipan-Schweinchen und sauren Zitronendrops war es geschehen: Mein Großonkel bekam Durchfall. Seine Hautfarbe hatte inzwischen eine käsige Tönung angenommen. Er trieb mich zur Eile und wankte mit Schweißperlen auf der Stirn auf einen Toilettenwagen zu, wie sie bei solchen Festivitäten am Rande von Schützen-, Kirmes- und Marktplätzen aufgestellt werden. Er drückte mir noch hastig einen Geldschein in die Hand, damit ich mir Zuckerwatte oder Karamell kaufen konnte, wies mich an, anschließend hier vor dem Häuschen auf ihn zu warten, und verschwand dann eilig in einer der kleinen Toiletten, in der ein Bär wie er wahrscheinlich nicht einmal aufrecht stehen konnte.

Ich futterte tatsächlich noch weitere Süßigkeiten in mich hinein, es dauerte keine zwei Minuten und ich hatte das Geld schon ausgegeben. Dann geschah's! Während ich vor dem Toilettenwagen stand und auf den Großonkel wartete, wurde auch mir endlich schlecht. Ich stand da und spürte es in mir gären und rumoren. Mein Magen rebellierte heftig. Mir war bald so übel, dass ich hätte weinen können. Meine Innereien begannen sich krampfartig zusammenzuziehen.

Plötzlich tauchte neben mir ein uniformierter Platzwart auf, vom Roten Kreuz oder Malteser-Hilfsdienst oder Müttergenesungswerk oder sonst woher, keine Ahnung, jedenfalls so einer, der abhanden gekommene Kinder aufsammelt und zu irgendwelchen Sammelpunkten bringt.

»Jong, is et disch net joot?«, fragte der Uniformierte teilnahmsvoll, der beobachtete, wie ich mir den Bauch hielt und mein Gesicht zu einer Schmerzensmaske verzog.

Ich war unfähig zu antworten. Stattdessen wies ich

schwach mit dem Finger auf die Toiletten. Damit wollte ich andeuten, dass meine erwachsene Begleitperson gleich zurückkommen und sich um mich kümmern würde. Der Uniformierte legte seine Hand auf meine Stirn und schüttelte besorgt den Kopf. Er griff zu seinem Funkgerät am Gürtel und gab irgendeine codierte Meldung durch. (»Isch hab hier 'n Fall von 6 / 2. Kommen!«)

Der Uniformierte und sein Funkgerät erweckten Aufsehen, die ersten Schaulustigen begannen stehenzubleiben und zuzusehen.

»Jong, bis' de janz alleen hee?«, wandte sich der Uniformierte wieder an mich. Ich antwortete nicht und deutete nur auf die Toiletten. Dabei wurde ich von einem neuen Magenkrampf gepackt, unter dem ich mich krümmte wie unter Stockschlägen. Immer mehr Kirmes-Besucher blieben stehen und blickten mit einer Mischung aus Neugierde und Mitleid auf mich und den Platzwart. Da bahnten sich zwei weitere Uniformierte einen Weg durch die Menge, die eine Bahre trugen. Man wollte mich allen Ernstes zu einer Erste-Hilfe-Station schaffen.

»Jong, lääsch disch ens hee hin!«, wurde ich in beschwichtigendem Ton aufgefordert. Als mir aber aufging, was man mit mir vorhatte, dass man mich forttragen wollte, begann ich mich mit Händen und Füßen zu wehren. Mein Strampeln sorgte für noch mehr Aufsehen und mittlerweile hatten sich ganze

Menschentrauben um uns gebildet. Wild gestikulierend zeigte ich immer wieder auf die Toiletten und stammelte ein »Da, da …!«
Die drei Uniformierten begannen sich zu fragen, was ich ihnen mitteilen wollte.
»Muss de ens op de Klo?« –
»Muss de ens kotze, Jong?«
»Nee …« wimmerte ich und zeigte unablässig auf das Kirmesplatz-WC.
Da öffnete sich am Toilettenwagen von innen ein kleines Seitenfenster, ganz oben, unterhalb vom Dach des Wagens; eigentlich mehr eine Belüftungsluke als ein Fenster.
Die drei Uniformierten, ich selbst und an die Hundert schaulustige Augenpaare blickten nun mit einem Male gebannt auf das Toilettenfensterchen, das sonst im üblichen Kirmes-Trubel keinerlei Aufmerksamkeit erregt hätte.
Was hatte es damit auf sich? Im Nachhinein lassen sich die Vorkommnisse nur wie folgt rekonstruieren: Der Großonkel hatte sich eilig in eine Toilettenzelle gezwängt und dort wohl mit Entsetzen festgestellt, dass der Dünnpfiff bereits erste Kampfspuren in seiner Unterwäsche hinterlassen hatte. Daraufhin musste der Einsneunzig-Mann begonnen haben, sich zu reinigen und sich der ›befleckten Unterhose‹ zu entledigen. Wohin aber mit dem Wäschestück, hatte er sich sicherlich gefragt. Ins Klo? Das hätte

nur eine Verstopfung verursacht. An einem Abfalleimer fehlte es wahrscheinlich im ganzen Toilettenwagen. Es blieb das Seitenfenster und eine Entsorgung in die Botanik, hier am Rand des Kirmesplatzes, wo nur ein paar Sträucher und krüppelige Tannen wuchsen und wo normalerweise niemand hinsah. Das Seitenfensterchen öffnete sich also ... Alles starrte gebannt auf den Toilettenwagen. Für den Bruchteil einer Sekunde herrschte auf diesem Teil des Kirmesplatzes eine auffällig gespannte Stille. Und dann flog eine Unterhose mit ›braunem Umweltsiegel‹ heraus. Das Wäschestück plumpste aber nicht etwa unauffällig zu Boden, sondern es verfing sich am Ast einer Tanne, blieb dort hängen und baumelte weithin sichtbar vergnügt auf und ab wie ein Vereinswimpel.

In Hamburg hätten sich die Umstehenden wahrscheinlich pikiert abgewendet. Auf einer Kirmes in Berlin hätte man Dutzende von rotzfrechen Sprüchen zu hören bekommen. Und in München würden die Einheimischen deftig-ländlich geflucht haben. Aber all dies ereignete sich im Rheinland. Und die umstehenden Rheinländer taten das, wofür sie am meisten bekannt sind: Sie lachten laut und schallend und hemmungslos! Auch die drei Uniformierten lachten und ich selbst vergaß dabei meine Bauchschmerzen.

Kurze Zeit später arbeitete sich der Großonkel aus seiner Toilettenzelle und trat zunächst mit erleichtertem Gesichtsausdruck ins Freie. Als er hinauskam, wurde er von tosendem Beifall empfangen. Verwirrt schaute er umher. Er sah erst fragend zu mir hinüber und erkannte überrascht die Uniformierten neben mir. Dann bemerkte er den ›Vereinswimpel‹ ... Schlagartig begriff er, dass er Zeugen gehabt hatte und zur Kirmes-Attraktion geworden war. Entsetzt verdrehte er die Augen, lief puterrot an, schnappte nach Luft, machte eine paar unsichere Schritte zur Seite – und sackte schließlich, einer Ohnmacht nahe, zu Boden.
Zum Glück standen die Helfer mit Bahre ganz in der Nähe. Sie forderten umgehend weitere Hilfe an, dann wurde der ›Kabänes‹ zur Ersten Hilfe geschleppt. Ich folgte dem Zug, der mich auf seltsame Weise an einen Rosenmontagszug erinnerte, und gab dann in der Erste-Hilfe-Station bereitwillig Auskunft über Namen, verwandtschaftliche Verhältnisse (Großonkel zweiten Grades usw.), Adressen und Telefonnummern. Es dauerte auch nicht lange, bis der Großonkel wieder ansprechbar war und wir abgeholt wurden.

Der Ruf des Großonkels war nach diesem Kirmes-Besuch dahin. Durch meine Schuld, durch meine Schuld, durch meine große Schuld. Hätte ich nicht

so schrecklich viel gefressen, wäre alles ganz anders gekommen ...
Der Großonkel aber hat für den Rest seines Lebens nie wieder eine Kirmes besucht, kein Schützenfest und keinen Maiball, keinen Jahrmarkt und nach Möglichkeit auch keine Wochenmärkte mehr. Auch Rosenmontagszüge hat er keine mehr mitgemacht. Selbst bei den Familienfesten hat er sich nur noch selten blicken lassen, sein Kreislauf schien seit jenem Ereignis deutlich geschwächt.
Die Arztbesuche mit Ehefrau haben in den Folgejahren nur noch zugenommen. Trotzdem wurde er, so wie alle, die ewig kränkeln und sich regelmäßig reif fühlen für die letzte Ölung, steinalt.

Nachspiel mit Oma und Opa:

Meine Großeltern betrachteten die Vorkommnisse auf der Kirmes teils in trauter Eintracht, teils mit unterschiedlicher Einschätzung.
Gemeinsam waren sie etwa der Meinung, dass der Spuk mit der Unterhose zum Totlachen sei.
»Häs' de su jett att ens gehuert?«, meinte Opa schenkelklopfend.
»Su jett jitt et dauch jar net!«, legte Oma noch einen drauf.
Uneins waren sie in der Einschätzung, ob der Großonkel Schuld an seinem Verhängnis trug oder nicht.

»Dat is äver och ene ärme Kearl«, sagte Oma, den Großonkel bedauernd.
»Jeck, dat is ene ahle Päeffermönzbroder«, hielt Opa dagegen.
Unter einem ›Pfefferminzbruder‹ konnte ich mir nun überhaupt nichts vorstellen. Ich fragte deshalb den Opa:
»Wat is dat denn für einer?«
»Jong, ene Päeffermönzbroder, dat is ene, der sisch in de Botz drieß, vür nühß un' widder nühß!«
Alles klar! Diese Erklärung war unzweideutig. Ich hab sie mir gemerkt als Weisheit fürs Leben. Und Pfefferminz ess ich auch keinen.

Diebstahl
oder: Tränen lügen nicht

Als ich zur Grundschule ging, trafen sich die Jungen immer am frühen Morgen, kurz vor Beginn des Unterrichts, um auf dem Schulhof ein paar Minuten Fußball zu spielen, wenn auch nur mit einem kleinen Gummibällchen. In den Pausen spielten wir hinter dem Schulgebäude, mit großem Plastikball, und nur bei Regen bolzten wir, dann mit Tennisbällen, unter dem Dach der Pausenhalle.

Die beliebtesten Schulstunden waren der Sportunterricht, denn die Jungen durften dann in der Turnhalle kicken, wenn auch nur mit federleichtem Volleyball.

Wenn die Schule aus war, sah man sich am Nachmittag auf dem Sportplatz, selbstverständlich um nichts anderes zu tun als Fußball zu spielen, dann endlich mit waschechtem Lederball. Manchmal traf man sich auch bei irgendeinem Freund zu Hause. Dann gingen wir in den Garten und ballerten wie blöde durch Beete und Apfelbäume. Bei schlechtem Wetter spielten wir notfalls in irgendeinem Keller, wenn's sein musste mit Tischtennisball.

Samstagnachmittags gab's auf der Wiese von unserem Schützenplatz regelrechte Fußball-Treffs von

Schülern und Halbwüchsigen, bei denen ganze Turniere ausgespielt wurden. Einige Besessene brachten dazu Kofferradios mit, um zwischendurch den Übertragungen der Fußball-Bundesliga zu lauschen.
Einmal in der Woche tat ich mit Gleichaltrigen etwas für Geist und Bildung: Wir nahmen an einer Gruppenstunde der Katholischen Jugend teil – und da spielten wir natürlich Fußball, im Winter mit Softball im Jugendheim. Und früher oder später musste jeder, der etwas auf sich hielt, Mitglied im Fußballverein werden, egal ob O-Beine oder nicht. Das bedeutete, mindestens zweimal die Woche am Abend Training zu haben und auch noch am Sonntag Fußball spielen zu dürfen.
Kurzum: Alle spielten überall und zu jeder Zeit nichts anderes als Fußball, draußen und drinnen, sommers wie winters, im Verein, mit Freunden, zu dritt auf ein Tor, zu zweit Mann gegen Mann – und wenn alle Stricke rissen auch alleine. Das waren die Jahre, als in Deutschland noch jedes Kuhdorf mit Leichtigkeit für jede Altersklasse mehrere Fußballmannschaften zusammentrommeln konnte.

Fußball machte zwar Spaß, aber die Spielfreuden waren nicht immer ungetrübt. In unserem Dorf gab's nämlich einen Rocker-Typen mit Namen Albert K., der immer dann, wenn er nichts Besseres zu tun hatte, auf Spiel- und Sportplätzen auftauchte, um

Kleinere zu tyrannisieren. Mit Vorliebe donnerte er Bälle über Zäune, auf die Dächer anliegender Gebäude oder in fremde Gärten. Er foulte, was das Zeug hielt, und stampfte alles in Grund und Boden, was sich ihm in den Weg stellte. Albert K. nannte das Mitspielen.

Ansonsten knatterte Albert K. immer mit seinem Moped durch die Gegend, trug dazu eine schwarze Lederjacke mit Fransen und Metallnieten und freute sich, durch sein Erscheinen bei Grundschülern Panik auszulösen. Albert K.'s Gesicht sah aus wie das eines Elefanten, wenn man sich Rüssel, Ohren und Stoßzähne wegdenkt. Wahrscheinlich entstand dieser Eindruck, weil er so groß und schwer war und schwarzes Leder trug. Außerdem schnaufte er wie ein Tier, weil er eine Zigarette nach der anderen rauchte. Sein Haarschopf war eine unbändige Masse von dunklen Krausen, die er nur mit Mühe unter seinen Motorradhelm stopfen konnte. Albert K. war das Urbild eines Voll-Assis.

Wenn Albert K. mit seinem Moped am Horizont eines Bolzplatzes auftauchte, gab es zwei Möglichkeiten. Entweder er begnügte sich damit, vorbeizubrettern, Staub aufzuwirbeln, seine Gänge durchzudrehen und damit allen einen Schrecken einzujagen, oder er hielt an und stieg ab.

Wenn er vorbeifuhr, war alles bestens, wenn er ab-

stieg, gab es zwei Möglichkeiten. Entweder er rauchte nur eine Zigarette und beobachtete dabei mit abschätziger Miene das Treiben auf dem Fußballfeld, oder er wollte mitmischen.
Wenn er nur rauchte, war alles in Ordnung, wenn er mittun wollte, gab es zwei Möglichkeiten. Entweder er gab sich gut gelaunt und meinte »Lott misch mitspelle!«, oder er war mies drauf und bellte: »Ens der Ballll her!«
Wenn er gut gelaunt war, kamen wir vielleicht noch glimpflich davon, wenn er schlecht aufgelegt war, gab es zwei Möglichkeiten. Entweder er ließ sich den Ball geben, um ihn blindlings wegzuballern, oder er zog sich seine Lederjacke aus, um allen Ernstes ein Spiel zu beginnen.
Wenn er den Ball nur fortschoss, war das noch erträglich, wenn er spielen wollte, gab es zwei Möglichkeiten. Entweder er walzte alles nieder und rammte den Ball mit einer solchen Wucht übers Feld, dass Verteidiger umgerissen und Torhüter abgeschossen wurden, oder er knallte den Ball, trottelig wie er war, meterweit am Tor vorbei.
Wenn er alle platt machte und dabei gewann, bestand Hoffnung, dass er bald wieder abzog, wenn er aber vorbeischoss, gab es zwei Möglichkeiten. Entweder er nahm's mit Galgenhumor und sagte wie zur Erklärung »Isch hann höck 'n schläht Ongebotz aa'...«, oder er geriet in Wut.

Wenn er über sich selbst witzelte und andere zum Mitgrinsen zwang, stand uns nur der Angstschweiß auf der Stirn, wenn er wütend wurde, gab es zwei Möglichkeiten. Entweder er riss das Fußballtor um und stach mit seinem Klappmesser den Ball kaputt, oder er vergriff sich an seinen wehrlosen Mitspielern. Wenn er alles kurz und klein schlug, konnte man mit dem Sachschaden noch leben, wenn er über andere herfiel, gab es zwei Möglichkeiten. Entweder er verteilte schmerzhafte Kopfnüsse, oder er wurde ernsthaft handgreiflich.

Wenn es bei Kopfnüssen blieb, trösteten wir uns mit dem Gedanken, dass Schmerz, der nicht tötet, nur abhärtet; wenn er wirklich rabiat wurde, gab es allerdings nur eine Möglichkeit: Dann wäre Albert K. besser nicht am Horizont des Fußballplatzes aufgetaucht.

In jenen wilden Zeiten geschah es, dass Albert K. wieder einmal auf dem Bolzplatz anrückte, um ›mitzuspielen‹. Er mähte wie üblich alles um, was ihn am Ballbesitz hindern wollte. Und mir stieß er dabei im Vorbeiwalzen seinen Ellenbogen unter die Nase. Ich flog fast aus den Schuhen, kippte nach hinten und landete auf meinem Hosenboden. Ich blutete aus der Nase und heulte Rotz und Wasser, aber schlimmer als der Schmerz war diese elende Ungerechtigkeit, die man wehrlos hinnehmen musste. Ein Todesmutiger aus meiner Mannschaft reklamierte kleinlaut ein Foul und verlangte Freistoß. Albert K. lachte nur höhnisch, sah auf mich herab und meinte: »Jank dauch us 'em Wääsch mit deng drecklije Knauche!« Sprach's und spielte ungerührt weiter. Ich schleppte mich derweil zum Spielfeldrand und versuchte die Blutung zu stillen. Ich weinte bittere Tränen. Zugleich kochte ich vor Wut. Während meine Nase allmählich in allen Regenbogenfarben zu schimmern begann, wurde ich Albert K.'s Lederjacke gewahr, wie sie da über seinem Moped hing. Mir schoss ein wagemutiger Gedanke durch den Kopf, wie ich mich rächen konnte. Ohne lange zu überlegen, griff ich mir die Jacke mit ihren Fransen und Nieten – und rannte davon so schnell ich nur konnte!

Albert K. stutzte einen Moment und glotzte doof seiner entschwindenden Lederjacke hinterher. Dann tat er etwas vollkommen Unerwartetes. Anstatt mir hinterher zu jagen oder mich mit seinem Moped zu verfolgen, schnappte er sich den nächstbesten Mitspieler, warf ihn zu Boden und begann, ihn zu verprügeln. Der Gebeutelte wimmerte erbärmlich und versuchte klarzumachen, dass er mit dem Diebstahl der Jacke doch gar nichts zu tun habe und nichts dafürkönne. »Dat is misch ejal!«, schnauzte Albert K., »du kriegs' se su lang jeseck, bis die Jack wedde' do is!«

Inzwischen hatte ich einen Vorsprung herausgelau-

fen, durch Gebüsch und Gestrüpp hetzend, und wunderte mich schon, keinen Verfolger hinter mir zu haben. Ich hielt an, schaute mich um und erkannte, was los war. Vom Fußballplatz hörte ich die gellenden Schreie: »Bräng die Jack wedde' her!«
Was sollte ich tun? Ich konnte wegen meines Diebstahls keine Mitspieler leiden lassen. Ich musste zurückkehren! Aus sicherer Entfernung beobachtete ich für kurze Augenblicke das Geschehen auf dem Fußballfeld, halb versteckt hinter Brennnesseln und Hagebuttensträuchern. Da bemerkte ich vor mir einen riesigen Haufen Hundekacke. In unbändigem Zorn beugte ich mich hinab und drückte die Innenseite der Jacke gnadenlos in ›der Hongsdress‹ ... verschmierte das ganze Futter ordentlich von oben bis unten ... und machte mich dann auf den Weg zurück zum Fußballfeld.
Mit Genugtuung sah Albert K. mich zurückkommen, wobei er hämisch lachend mit seinem dicken Hintern auf seinem Opfer saß. Die übrigen Mitspieler standen wie angewurzelt dabei und rührten sich nicht von der Stelle.
»Jeff die Jack wedde' her!«, grollte Albert K. noch einmal.
Ich näherte mich ihm bis auf wenige Schritt und hielt ihm mit ausgestecktem Arm seine Nietenjacke hin. Dass sein gutes Stück nun ein hündisch-stinkendes Innenleben führte, ahnte er nicht.

Als ich nah genug heran war, wuchtete Albert K. sich hoch, um sich auf mich zu stürzen. Kaum war er auf seinen Beinen, rollte sich der Ärmste, der von ihm gepeinigt worden war, zur Seite und trat die Flucht an. Albert K. wankte auf mich zu, er war aber viel zu elefantig, um mich zu erhaschen. Kaum war er schwerfällig aufgesprungen, ließ ich seine Jacke zu Boden fallen und stürzte schleunigst wieder zurück ins Gebüsch. Auch die übrigen Jungen stoben nun wie wild auseinander und rannten davon. Albert K. fluchte wie ein Weltmeister. Er raffte seine liebe Lederjacke auf, warf sich den Stolz seiner Rockerkarriere um die Schultern und sprang auf sein Moped, um mich zu verfolgen. Schon jaulte seine Maschine auf. Aber ich hatte den richtigen Fluchtweg gewählt, auch wenn meine Beine von Nesseln und Dornen hinterher ziemlich zerkratzt waren. Denn durch das Gebüsch konnte mir Albert K. mit seinem Moped nur schwer folgen. Er versuchte es zwar, hing aber bald irgendwo fest. Ich hörte hinter mir die Räder seiner Maschine durchdrehen und ihn schlimmer fluchen als je zuvor. Ich sprang davon wie ein fliehendes Reh, fühlte mich als Sieger im Kampf ungleicher Mächte und rannte über Umwege zurück nach Hause.

Nachspiel mit Opa:

Wenig später erzählte ich meinem Opa von dem, was sich auf dem Fußballplatz zugetragen hatte. Erfreulicherweise konnte mein Opa ein Meister im Zuhören sein. Er ließ mich auch diesmal drauflos erzählen und unterbrach mich nur gelegentlich durch eingestreute Kurzkommentare. Das half mir beim Abreagieren und schuf zwischen uns eine Atmosphäre von Verschwörung und Unter-einer-Decke-stecken.

Ich erzählte zuerst, dass sich Albert K. – wie schon so oft – in unser Spiel gedrängt hatte.

»Der fiese Möpp!«, meinte Opa.

Dann berichtete ich, wie unfair Albert K. gespielt und wie oft er gefoult hatte.

»Der ahle Filou!«

Wie er mich im Vorbeilaufen gerempelt und mir den Ellenbogen unter die Nase gehauen hatte.

»Dat Sou-Oos!«

Wie ich todesmutig seine Jacke gestohlen hatte.

»Ja, bes' de ve'röck?!«

Wie Albert K. daraufhin einen Unschuldigen vertrimmt hatte.

»Der Wöös'!«

Dass ich die Jacke in meiner Wut in die Hundekacke gedrückt hatte.

»Ja nu' ka' isch net mih'!«

Wie ich zum Platz zurückgegangen, aber Albert K.

zu langsam gewesen war, um mich zu greifen.
»Der Stief!«
Wie er sich in seiner Hast die Kack-Jacke angezogen hatte.
»Der Doof!«
Und dass ich zum guten Schluss entkommen war.
»Du Schlitzuhr!«
Mein Opa klopfte mir wohlwollend auf die Schulter und versicherte mir, dass Albert K. bekommen hatte, was er verdiente.

Nach diesem Vorfall hat mich Albert K. noch drei Mal sehr überrascht. Erstens war erstaunlich festzustellen, dass er auch später noch für viele Jahre dieselbe Lederjacke trug.
Zweitens war für mich noch hundert Mal überraschender, dass er mich fortan in Ruhe ließ, statt Racheakte zu verüben. Warum, kann ich mir beim besten Willen nicht erklären, vielleicht deshalb, weil ich zur Veredelung seiner Jacke beigetragen hatte.
Und drittens habe ich mich in Albert K. vollkommen getäuscht. Ich hätte jede Wette angenommen, dass er irgendwann als Knastbruder endet. Dem ist aber nicht so. Albert K. arbeitet heute in hoher Position bei der Stadtverwaltung als staatlich geprüfter Legastheniker.

Nachwort

An dieser Stelle sei darauf hingewiesen, dass all diese Geschichten frei erfunden sind. Und zwar ganz und gar, samt und sonders, vollkommen, absolut, total und von A bis Z. (Das schwöre ich, so wahr ich Gustav heiße.)
Auch das rheinische Dorf, von dem hier die Rede war, gibt es nicht. Es existiert nur in meiner Erinnerung. Die Personen, die in diesen Geschichten beschrieben werden, hat es nie gegeben, vor allem nicht die bösen Leute, denn in meiner Kindheit bin ich nur netten Menschen begegnet. Selbst der Ich-Erzähler dieser Geschichten ist eine fiktive Figur und ist nicht gleichzusetzen mit dem Verfasser dieses Buches. Zumindest sehen sich die beiden kein bisschen ähnlich, der Verfasser ist mindestens vier Kopf größer.
Eine Ausnahme bilden meine Großeltern, aber die sind längst tot und können nicht mehr den Finger heben, um zu sagen: »Halt, halt, das hab ich nie gesagt oder getan.« Sie würden sowieso dazwischenrufen: »Wat verzählst du disch ene Kwatsch?!«
Falls trotzdem ein Leser irgendeine Begebenheit, eine Person oder einen Ort wiederzuerkennen glaubt – verschlüsselt, verdreht, überspitzt, karikiert, abgewandelt oder sonstwie –, so kann das nur purer Zufall sein. Jedenfalls höchstwahrscheinlich.

Erläuterungen zum Rheinischen Platt

Die rheinische Mundart wird ungefähr von Koblenz und dem Moselraum bis hinauf zum Niederrhein gesprochen, vom Aachener Grenzgebiet bis ins Bergische Land. Auch die deutschen Dialekte in Luxemburg und Ostbelgien können als Varianten des Rheinischen betrachtet werden. Allerdings ist das Rheinische Platt sehr facettenreich, mit vielen regionalen Unterschieden, die teilweise schon von Dorf zu Dorf zu bemerken sind.

Bei dem Rheinisch in diesem Buch handelt es sich um die Varietät, wie sie irgendwo am nördlichen Eifelrand, im Raum zwischen Aachen und Köln Richtung Niederrhein gesprochen wird. Für all die Leser, möglicherweise auch Japaner mit Deutschkenntnissen, die dieses Buch lesen und nicht alle Mundart-Passagen auf Anhieb verstehen, erfolgen hier standarddeutsche Übertragungen.

Vorab aber noch eine Anmerkung: Das häufig vorkommende Oos! (wörtlich: Aas) wird im Rheinland sowohl als Fluch und Ausruf des Ärgers als auch als Bezeichnung für eine unliebsame Person benutzt.

Oos nochemol!

2. Ziviler Ungehorsam

»Wie? Sitz' du ärme Kearl hee nauch immer he'röm?!« –
Wie? Sitzt du armer Kerl hier noch immer herum?!

»E Vierdelstündsche sin' fuffzehn Minutte!« –
Eine Viertelstunde sind fünfzehn Minuten.

»Wenn me Peng hätt, do kann e Vierdelstöndsche ärsch lang senn. Äver wenn me Spass hätt, is e Vierdelstöndsche flögg vorbej.« –
Wenn man Schmerzen (Pein) hat, da kann ein Viertelstündchen arg lang sein. Aber wenn man Spaß hat, ist eine Viertelstunde schnell (flugs) vorbei.

3. Nötigung

»Isch hött jern e' Vierdel Ponk Jehacktes!« –
Ich hätte gern ein Viertel Pfund Gehacktes!

»Wat kos' der Kolumbus do im Fenste'?« –
Was kostet der Columbus da im Fenster?

»Wat vür e Dier?« –
Was für ein Tier?

»Ah su, Jong. Waat e Minüttsche.« –
Ach so, Junge. Warte ein Minütchen.

»Is joot, Jong. Waat nauch ens!« –
Ist gut, Junge. Warte noch mal!

»Opjepass'!« –
Aufgepasst!

»Wie? Is dat och net et Rischtije?« –
Wie? Ist das auch nicht das Richtige?

»Ja, Jong, da moss isch nauch ens luhre jonn!« –
Ja, Junge, da muss ich noch mal gucken gehn!

»Wat sääs' de jetz', Jong?« –
Was sagst du jetzt, Junge?

»Ja, Jong, da' weeß isch et och net, wat de hann wills'…« –
Ja, Junge, dann weiß ich es auch nicht, was du haben willst …

»Ja Jong, kann isch da' nühß vür disch dohn?!« –
Ja, Junge, kann ich denn nichts für dich tun?!

»Nee, nee, du bis' en Kopppeng!« –
Nein, nein, du bist (ein) Kopfschmerz (wörtlich: -pein; im Sinne von: Nervensäge).

»Su siehs' du och us!« –
So siehst du auch aus!

»Ja, wer jlövst du, wüdd op Karneval mit bläcke Foot he'röm loofe?« –
Ja, wer glaubst du, würde auf Karneval mit nacktem Hintern herumlaufen?

4. Verletzung der Privatsphäre

»Jong, jank ens hinge e Pakett Klopapier holle!« –
Junge, geh mal hinten ein Paket Klopapier holen!

»Jong, wills' de och widder e Milkedei han?« –
Junge, willst du auch wieder ein Milkedei (Milky Way) haben?

»Han me nauch jenoch Seefepolver im Huus?« –
Haben wir noch genug Seifenpulver im Haus?

»Oos, die Äppel sehn äver höck fimschisch us …!« –
Aas, die Äpfel sehen aber heute schlecht / verdorben / übel aus …!

»Jong, häst' du se nit mi all?« –
Junge, hast du sie nicht mehr alle?

»Wo woars' du Lömmel!« –
Wo warst du Lümmel?

»en dicke Tröót«
wörtlich: eine dicke Tröte (für: dicke Frau)

»wie se all jelaach' han wie ve'röck« –
wie sie alle gelacht haben wie verrückt

»ene Soulaade'« –
ein Sauladen

»Do looch övverall Brut op de Erd'!« –
Da lag überall Brot auf der Erde!

5. Gesundheitsschädigung

»e ärm Dier« –
wörtlich: ein armes Tier (für: bemitleidenswerte Person)

»Saaht misch ens, wie vill Uhr et is?« –
Sagen Sie mir mal, wie viel Uhr es ist?
(wörtlich: »Sagt mir ...!", denn in der rheinischen Höflichkeitsform wird nicht geSIEzt, sondern noch geIHRzt.)

»Kink, saach misch ens, wie vill Uhr et is?« –
Kind, sag mir mal, wie viel Uhr es ist?

»Danke, hee hatt ihr jett!« –
Danke, hier habt ihr was!

»Ah Jong, häs' de denge Honk widder bej disch?« –
Na, Junge, hast du deinen Hund wieder bei dir (mit dabei)?

»Isch han misch jett Erpel jekoof', Jong. Höck maach isch misch en äsch Erpelzupp ...« –
Ich hab mir (was) Kartoffel gekauft, Junge. Heute mach ich mir eine leckere (wörtlich: echte) Kartoffelsuppe ...

»Wat is da' loss?« –
Was ist denn los?

». ... häs' de keen Zegg, Jong?« –
... hast du keine Zeit, Junge?

»Nee, nee, höck han se et äver all ihlisch. –
Nein, nein, heute haben sie es aber alle eilig.

Net ens de jong Löck han Zegg! –
Nicht mal die jungen Leute haben Zeit!

Keener hät mi Zegg op de Welt ...« –
Keiner hat mehr Zeit auf der Welt ...

»Wie, wat meens' de, Jong?« –
Wie, was meinst du, Junge?

»Isch jlöv, do kritt me de Dönnschiss, äver jeck widd me am Eng wahl net. ...« –
Ich glaub, da kriegt man den Dünnschiss, aber verrückt wird man am Ende wohl nicht ...

6. Veruntreuung von Spenden

»Wat hatt ihr da leevere, Jonge, Eijer oder Jeld?« –
Was habt ihr denn lieber, Jungen. Eier oder Geld?

»Isch hann äver keen Eijer mi' im Huus.« –
Ich hab aber keine Eier mehr im Haus.

»Ich weeß äver jar net, wo mi Pottmannee is'...« –
Ich weiß aber gar nicht, wo mein Portemonee ist ...

»Hee, Jonge, maht et joot« –
Hier, Jungen, macht es gut.

»Hab isch et net jesacht ...?« –
Hab ich es nicht gesagt ...?

»Ja, sedd ihr ve'röck!! Ve'dammp noch emol! All die joot Eijer! Maaht, dat ihr vott kott!« –
Ja, seid ihr verrückt! Verdammt nochmal! All die guten Eier! Macht, dass ihr weg kommt!

»Schinnööster«! –
Lümmel, Flegel (wörtlich: Schindäser)

»Do moss et ierz ens der kniestije Fringse Jupp hin.« –
Da muss zuerst mal der geizige (knausrige) Fringse Jupp hin.

8. Lästerung

»Du bis' ene ärme Jong!« –
Du bist ein armer Jung!

»Wat woar dat da' vür ene Witz?« –
Was war das für ein Witz?

»Du bis' misch eene!« –
Du bist mir einer!

9. Sachbeschädigung

»Der is att längs op Millwieler aa'!« –
Der ist schon längst auf Millweiler an

(das heißt: nach Millweiler unterwegs)

»Wat hatt ihr Schinnööster hee alles temptiert?!« –
Was habt ihr Schelme (wörtlich: Schindäser) hier alles angestellt?!

»Oos, isch schloch üsch et Hemp in Flamme'!« –
Aas, ich schlag euch das Hemd in Flammen!

»Jo, su is et im Läeve. Ze'ierz' schleet me sisch de Kopp een,
un' hingeher weeß me net, wovür!« –
Ja, so ist es im Leben. Zuerst schlägt man sich den Kopf ein,
und hinterher weiß man nicht wofür!

10. Unlauterer Wettbewerb

»Su 'ne Kwatsch!« –
So ein Quatsch!

»Wat is da' mit dir loss?« –
Was ist denn mit dir los?

»Denk isch a' Dütschlank et naahts,
könnt isch kriesche bis angere Daachs ...« –
Denk ich an Deutschland des nachts,
könnte ich weinen (oder: greinen) bis anderen Tags ...

11. Rufmord

»labbelig« –
schlaff, schlapp, wackelig

»Isch weeß jo net, wo su jett steht.« –
Ich weiß ja nicht, wo so was steht.

»Isch jlöv, et jeht op et Eng aa'...« –
Ich glaube, es geht aufs Ende an (bzw.: zu) ...

»Kaventsmann« –
für: schwergewichtiger Mann

»Kabänes« –
großer, schwerer Kerl (oder auch Gegenstand)

»Kengskopp« –
Kindskopf

»Knaatsch«
von »knatschen«: heulen, weinen; jammerhafte, weinerliche Person

»Botzedrießer« –
Hosenscheißer

»Jong, widd et disch net schläeht?« –
Junge, wird (es) dir nicht schlecht?

»Jong, is et disch net joot?« –
Junge, ist (es) dir nicht gut?

»Jong, bis' de janz alleen hee?« –
Junge, bist du ganz alleine hier?

»Jong, lääsch disch ens hee hin!« –
Junge, leg dich mal hier hin!

»Muss de ens op de Klo?« –
Musst du mal aufs Klo?

»Muss de ens kotze, Jong?« –
Musst du dich übergeben, Junge?

»Häs' de su jett att ens jehuert?« –
Hast du so etwas schon mal gehört?
»Su jett jitt et dauch jar net!« –
So etwas gibt es doch gar nicht!

»Dat is ävvr och ene ärme Kearl.« –
Das ist aber auch ein armer Kerl.

»Jeck, dat is ene ahle Päeffermönzbroder.« –
Jeck, das ist ein alter (wörtlich:) Pfefferminzbruder.

»Jong, ene Päeffermönzbroder, dat is ene, der sisch in de Botz drieß, vür nühß un' widder nühß!« –
Junge, ein Pfefferminzbruder, das ist einer, der sich in die Hose scheißt, für nichts und wieder nichts!

12. Diebstahl

»Lott misch mitspelle!« –
Lasst mich mitspielen!

»Ens der Ballll her!« –
(Mal) den Ball her!

»Isch hann höck 'n schläht Ongebotz aa'...« –
Ich hab' heute eine schlechte Unterhose an ...

»Jank dauch us 'em Wääsch mit deng drecklije Knauche!« –
Geh doch aus dem Weg mit deinen dreckigen Knochen!

»Dat is misch ejal, [...] du kriegs' se su lang jeseck,
bis die Jack wedde' do is!«–
Das ist mir egal, [...] du kriegst sie so lange geknallt,
bis die Jacke wieder da ist!

»Bräng die Jack wedde' her!« –
Bring die Jacke wieder her!

»der Hongsdress« –
der Hundescheiß

»Jeff die Jack wedde' her!« –
Gib die Jacke wieder her!

»Der fiese Möpp!« –
Möpp wörtlich so viel wie: Köter, abwertende Bezeichnung

»Der ahle Filou!« –
Der alte Flegel.

»Dat Sou-Oos!« –
Das Sau-Aas!

»Ja, bes' de ve'röck?!« –
Ja, bist du verrückt?!

»Der Wöös'!« –
Der Wüste!

»Ja, nu' ka' isch net mih'!« –
Ja, nun kann ich nicht mehr!

»Der Stief!« –
Der Steife (für: unbeweglicher Mensch)!

»Du Schlitzuhr!« –

Du Schlitzohr!